화엄법계와 천문학

화엄법계와 천문학
천문학자가 본 우주심과 화엄법계

이시우 지음

DOPIANSA 圖書出版社

머리말

　지금까지 알려진 종교 가운데서 불교는 아주 특이하다. 불교는 다른 종교와 달리 신앙체계를 가지면서 진리체계를 내포하고 있다. 이러한 경향은 인간 중심적 세계를 벗어나 우주 만물을 대상으로 하는 화엄세계(華嚴世界)에서 잘 나타난다. 그래서 화엄세계(華嚴世界)는 천문학적 우주를 그 대상으로 하고 있다. 이런 점에서 불교는 일종의 우주철학이라고 볼 수 있다.

　만약 불교가 무조건적인 신앙만을 고집한다면 우리는 2,600여 년 전이나 지금이나 별로 큰 차이 없이 불교를 그대로 받아들일 수 있을 것이다. 왜냐하면 비록 그동안 정신적 문화와 물질적 문명에 엄청난 발전이 있어왔지만 인간의 원초적 본성은 큰 변화가 없으므로 기원이나 기복신앙에는 달라질 것이 별로 없기 때문이다.

　그런데 특히 대승불교에서는 연기사상, 공사상, 중도사상, 유식사상, 화엄사상 등 만물의 존재성과 밀접히 연관된 철학적 사상체계를 지니고 있다. 그러므로 시대적 변화에 따라 대승적 사유의 변천이 일어나지 않을 수 없다. 그리고 다른 종교와 달리 불교는 열린

세계를 대상으로 하며, 인간을 주재하는 유일신이 아니라 자신이 바로 부처라고 하면서 깨달음을 최종 목표로 한다. 그러므로 불교는 연기에 따른 제행무상(諸行無常), 제법무아(諸法無我)의 원리에 따라서 인간 사고세계의 확장과 더불어 진리의 세계를 펼쳐가야 한다. 즉 그 시대의 언어와 사상으로 불교의 교리를 다시 펴서 그 시대의 대중이 불교의 근본을 이해토록 해야 한다.

또한 불교에서는 타 종교와 달리 우주 만물에 불성(佛性)이 있다는 점을 강조하고 있다. 이것은 곧 우주 만물이 생의(生意 : 생명력)를 가지고 있다는 만물의 생명존중 사상이 불교에 내포되어 있음을 의미한다. 그래서 화엄세계를 우주의 유기적(有機的) 초생명체(超生命體)로 본다. 특히 오늘날처럼 황폐화되어가고 있는 지구를 살리고 또 물질문명이 빼앗아간 정신세계를 되찾는 길은 바로 화엄세계의 올바른 이해와 만물에 대한 생명존중 사상을 고취하는 것이다. 우리는 하루빨리 인간 중심적 세계관을 벗어나 우주 만물의 존재가치를 동등하게 인정하고 그리고 존재 가능한 것은 반드시 존재한다는 우주론적 원리를 수용해야 한다.

인간은 두 종류의 생명을 지니고 있다. 하나는 생동심으로 이루어진 단멸적 생명이며, 다른 하나는 인간이 태어나면서 받아온 근본심으로 순환하는 우주적 생명이다. 후자는 사후(死後)에 잔해로 남아 화엄세계에 존재하며 다음 생의 씨앗이 된다. 불교가 필요한 이유는 바로 번뇌 망상을 일으키는 염오(染汚)의 생동심을 여의면서 우주심인 근본심을 발현하고자 하는 데 있다. 특히 오늘날처럼 물질문명에 찌든 인간에게는 염탁(染濁)의 생동심이 깊어가고 있기에 근본심의 현현(顯現)을 기대하기가 매우 어렵다. 뿐만 아니라 개인주의적 성향은 공동체적 화엄세계의 달성을 매우 어렵게 하고 있다. 그래서 불교의 올바른 이해가 어느 때보다도 더 절실히 요구되고 있다.

이상의 관점에서 본서에서는 우주 만물의 근본 본성인 우주심을 살펴보면서 연기사상을 토대로 한 화엄세계의 특성이 무엇이며, 그리고 화엄세계에서 추구하는 깨달음이란 어떤 것인지를 알아본다. 또한 별의 세계가 인간에게 전해주는 설법이 무엇인가를 살펴보면서 인간 중심적 불법을 벗어나 모든 종교를 초월하는 우주적 화엄세계로 확장한다.

본서의 원고를 자세히 읽어주시고 문장을 다듬고 조언해 주신 소설가 이재운 선생님께 깊이 감사한다. 그리고 정성스럽게 편집해준 이상옥 씨에게도 감사의 마음을 전하고 싶다.

2006. 9. 6 이시우

차 례

1. 들어가는 말

(1) 천문학과 화엄세계

하늘의 이치를 다루는 천문학적 사유는 존재의 본질에 대한 깨달음의 사유이다. 따라서 천문학적 세계는 우주 법계의 법성을 근본으로 하는 화엄세계(華嚴世界)[1]와 같다.(표1) 더 이상 나눌 수 없는 극미진(極微塵)에서부터 거대한 우주를 대상으로 하는 불교 우주관은 원자의 미시세계에서 우주 자체의 거시세계를 다루는 천문학적 우주관과 본질적으로 다르지 않다. 천문학적 대상은 지구뿐만 아니라 태양계, 항성계, 은하계, 은하 집단 등을 다루는 열린 시공간이며, 이것은 화엄세계에서 다루는 무한 우주와 같다.

한편 동적(動的) 진화를 다루며 이에 따른 개체의 고정된 자성(自性)이 존재하지 않는 무아(無我)와 연속적 변화에 따른 무상(無常)은 연기성에 따른 것으로 불교의 특징이다. 우주 내 개체들은 특히 역학적으로 연결되어 있는 중력장(重力場) 내에서 역학적 에너

1 화엄세계 | 객관적인 만유의 우주. 만물이 우주적 섭리에 따라 서로 교섭하며 원융한 이완(弛緩)의 세계.

지를 주고받는 동적 수수관계를 이루고 있다. 따라서 우주는 부분적이 아니라 전일적 사상(全一的思想)[2]에 의해 이해되어야 한다. 이런 현상이 화엄세계에서는 이사무애(理事無碍)[3]와 사사무애(事事無碍)[4]로 나타난다.

【표1】 천문학과 화엄세계

천문학	화엄세계
하늘의 이치	우주 법계의 법성
미시세계, 거시세계	티끌에서 우주
열린 시공간	무한 우주
동적 진화	무아, 무상(변화)
수수관계	연기성
전일적 사상	사사무애, 이사무애
자연이 실험실	자연이 사유의 장

천문학에서 다루는 모든 대상은 고정된 이상적(理想的)인 실험실에 있는 것이 아니라 자연 그 자체가 실험실인 무한 공간 내에 있다. 마찬가지로 불교에서 일어나는 사유(思惟)의 장(場)도 바로 이러한 자연이다. 따라서 천문학과 화엄세계에서 관심의 대상은 모두 자연인 우주 그 자체임을 알 수 있다. 이것은 천문학자 내지 과학자는 화엄세계를 알아야만 우주 속에서 자신의 올바른 존재를 찾게 되고, 또한 화엄세계에 관심이 있는 불자(佛子)는 천문학적 세계를 알아야만 올바른 객관적 우주관을 확립할 수 있다는 것을 암시한다. 결국 광의로 보면 불교는 천문학적 세계를 벗어날 수 없기에 천문학적 우주관이 불법의 이해에 필수적 사항임을 알 수 있다.

천문학적 불교 우주관에서 언급되는 천문학은 추리의 대상이 아니라 우주심(宇宙心)[5]을 발현시키는 사유의 대상이다. 이 우주심은 우주의 근본 속성으로서 만유에 내재해 있다. 따라서 천문학적 사유는 곧 깨달음의 사유이며 존재 본질에 대한 사유이다.

불교는 인생 현상을 통하여 우주의 구성 요소 및 본체(이론) 등을 찾는 것으로 흔히 생각하기도 한다. 소위 인간의 소우주를 확대하여 대우주를 조명해 보는 것이다. 사실 이러한 사고가 얼마나 위험한 방법론인가는 현대과학과 문명을 통해 쉽게 알 수 있다. 우리는 인간 중심적 사상을 벗어나지 않는 한 우주의 참 모습을 찾을 수 없으며, 그리고 불교는 오직 신앙이라는 종교의 테두리를 벗어날 수 없다.

(2) 존재론적 과학관

『바가바드 기타』에서 "당신은 맨 처음이요, 한 옛적의 으뜸이시며, 이 온 우주의 궁극의 쉴 곳입니다. 당신은 아시는 이요, 또 알려질 것이며, 그 모든 것의 돌아갈 곳입니다. 끝이 없는 형상을 가지신 이여, 당신으로 이 우주는 꿰뚫려 있다."고 했다. 그리고 "만유 밖에 계시면서 또 그 안에 계시고, 부동(不動)이면서 동(動)이시다. 너무나 미묘하기 때문에 알 수가 없고, 멀리 계시면서도 그는 가까이 계시다."[6]라고 했다. 여기서 당신은 자연 자체이며, 또 자연의 생성과 소멸 등 자연의 변화를 주재하는 섭리이다. 그리고 자연의 섭리는 존재 그 자체와 함께 한다.

논리적 합리성과 객관성을 추구하는 현대 과학은 관찰 대상을 존재성으로 보지 않고 단순한 물질적 대상성(對象性)으로 본다. 그

6 『바가바드 기타』 | 함석헌 주석, 한길사, 1997, 408쪽, 441쪽.

결과 대상에 내포된 생명이 도외시되고 효용 가치로서만 평가하면서 상호 대립관계를 만들어 간다.

이때 관찰 대상도 인간을 생명이 없는 물적 대상으로 보기 때문에 상호간의 존재 본질이 무시되면서 평형과 안정성이 깨어지게 된다. 이런 천박한 과학적 행위가 자연을 파괴하고, 동시에 자연은 인간을 멸망의 길로 이끌어 가고 있다. 오늘날 과학을 비롯한 모든 학문이 '만유는 생명을 가진 유기체(有機體)이다'로 간주해야만 인간과 자연 사이에 마음(生意 : 생명력)이 서로 개입됨으로써 서로의 존재가치가 올바르게 발현될 수 있는 것이다.

물리학자이면서 철학자인 화이트헤드는 "과학은 자연에서 어떠한 개체적인 향유도 발견해 낼 수 없다. 과학은 자연에서 어떠한 목적도 찾아낼 수 없다. 과학은 자연에서 어떠한 창조성도 발견해 내지 못한다. 그것은 단지 계기(繼起)의 규칙들을 찾아낼 뿐이다.…… 물리학이 이러한 맹점들을 지니게 되는 까닭은, 그 과학이 인간의 경험에 의해 제공되는 증거 가운데 오직 일부분만을 문제삼는 데 있다. 그것(과학)은 이음새 없는 외투를 조각내고 있다.…… 과학은 겉의 외투만을 검토할 뿐 외투 속의 몸은 도외시하고 있는 것이다."[7]라고 했다.

그는 추상적 관념을 완벽하게 설명하는 것은 철학이라고 했으며, 또한 자연 철학의 기능은 자연의 다양한 요소들이 어떻게 연결되어 있는가를 분석하는 것이라고 했다. 그리고 연결성이 모든 사물의 본성이라고 하면서 철학은 과학이 토막 낸 것을 연결하여 하나의 유기체를 회복해야 한다고 주장한다. 결국 모든 사물을 전체적인 존재성으로 보아야 한다는 것이다.

7 『열린 사고와 철학』 | 화이트헤드 지음, 오영환·문창옥 옮김, 고려원, 1992, 177쪽.

천문학자, 우주에서 붓다를 찾다

한편 근대 과학은 자연의 대상을 관측자 앞에 갖다 놓고 자의(自意)에 따라 다양하게 심문한다. 그리고 그 결과는 모든 과학자들의 동의(同意)를 받아야 결과에 대한 타당성을 인정받는다. 이것은 일종의 집단심문이다. 여기서는 오직 보이는 존재들만을 대상으로 정확성, 정밀성, 확실성 등을 목표로 심문한다. 관측 대상인 존재자의 존재에 대한 사유가 결여된 채 오직 이성적 진리탐구라는 명분에서 자신의 권력의지(지성의 의지)를 발휘하면서 진리탐구의 아성을 쌓아간다.(실은 자의식에 집착한다)

이러한 과정에서 과학자는 자신이 자연의 대상을 심문한 것처럼 그 대상에 의해 자기 자신이 심문을 받는 한갓 물적(物的) 존재자로 전락된다. 과학자에게는 어떠한 존재적 신비감도 있을 수 없다. 즉 관측 대상의 존재 본질의 의미는 무시된 채 존재자의 유용성, 가치성 그리고 이들을 밝힘으로써 얻어지는 업적을 통하여 권력의지의 상승만을 기대할 뿐이다.[8] 따라서 현대 과학은 존재를 본질적으로 파악하는 게 아니라 이윤 추구의 도구로 전락되고 있다.

(3) 화엄세계와 우주관

불교 이외의 종교에서는 인간 스스로 지고선(至高善)이나 전지전능한 능력을 부여한 대상이 신(神)이다. 인간은 이 신을 통해서 구원이나 기복의 실현을 갈망한다. 따라서 이런 종교는 오직 인간 중심적 신앙에 국한된다.

불교는 인간 이전 우주의 탄생과 함께 존재해 오는 우주 법계의 법성(法性)[9]을 근본으로 한다. 만물은 이런 법성 앞에서 평등하며

8 『하이데거와 화엄의 사유』 | 김형효, 청계, 2006, 262쪽.
9 법성 | 사물의 본성. 모든 법의 체성. 만유의 본체.

법성이 만유의 존재 본질이다. 따라서 불교는 만유에 위탁된 법성의 실현을 근본으로 한다.

특히 대승(大乘)사상은 반야(般若)[10]의 공사상(空思想)[11]을 토대로 유식(唯識)[12]의 식(識)과 『법화경』 및 『열반경』의 생명력과 불성(佛性)[13]을 결합하면서 인간 중심적 우주관을 이루어간다. 그런데 화엄세계에 들어오면서 인간세계를 넘어서 화엄법계[14]의 우주 질서를 살피는 우주관으로 전개된다.

우리가 지상의 불법을 바탕으로 올려다보면 인간 중심의 우주관이 성립되지만, 우주의 사실을 바탕으로 내려다보면 만유에 대한 우주관이 성립된다. 대승불교는 인간을 중심으로 한 소승적 불교가 아니라 우주 만유의 생명체를 두루 포함하므로 대승불교의 우주관은 천문학적 우주관과 같이 우주의 초생명체(超生命體)를 대상으로 한다고 볼 수 있다. 따라서 인간의 관점에서 우주 법계를 보는 것이 아니라, 우주의 관점에서 인간이 따라야 할 화엄세계를 살펴야 한다. 여기서 화엄세계는 우주 만유의 마음(생의)의 바탕을 일승(一乘)[15]으로 보는 화엄사상(華嚴思想)[16]을 근본으로 하는 세계이다.

10 반야 | 법의 실다운 이치에 계합한 최상의 지혜.
11 공사상 | 연기관계로 고정된 자성이 없다는 사상.
12 유식 | 마음에 비추어진 표상(表象).
13 불성 | 부처가 될 수 있는 성품. 진리 자체, 진여, 법성 등으로 불림.
14 화엄법계 | 우주 만유의 궁극적 진리, 또는 진리 체계.
15 일승 | 대승불교의 유일하고 궁극적인 진리.
16 화엄사상 | 우주 만유는 서로 포섭하며 원융무애하다는 사상.

천문학자, 우주에서 붓다를 찾다

2. 연기와 존재

(1) 연기

『아함경』에서 어떤 비구가 부처님께 여쭈었다.

"세존이시여, 연기법이란 세존께서 만든 것입니까. 다른 사람이 만든 것입니까?"

"연기법은 내가 만든 것이 아니요, 다른 사람이 만든 것도 아니다. 그러므로 그것은 여래가 세상에 나오거나 세상에 나오지 않거나 법계에 항상 머물러 있다. 저 여래는 이 법을 스스로 깨닫고 바른 깨달음을 이룬 뒤 모든 중생을 위해 분별해 연설하고 이렇게 드러내 보이신다."[1]

이처럼 연기법은 무시이래로 우주와 함께 존재하는 궁극적 이치이다.

연기설은 초기 불교의 근간일 뿐만 아니라 불법 전체의 기본 바탕이다. 따라서 불교는 연기의 학문이라고 해도 과언이 아니다. 왜

1 『가려 뽑은 아함경』 | 선우도량 엮음, 선우도량, 1992, 136쪽.

냐하면 사성제(四聖諦)[2], 팔정도(八正道)[3], 반야공(般若空)[4], 중도(中道)[5], 화엄법계(華嚴法界), 사법인(四法印)[6], 사종법계(四種法界)[7] 등등 불법의 중심 교의(教義)는 모두 연기성에 그 바탕을 이루고 있기 때문이다.

연기법은 불교의 가장 큰 특징인 동시에 가장 중요한 원리이다. 이것은 "무엇이 무엇과 인(因)이 되어 더불어 일어난다(因緣所起)"는 것으로 반드시 둘이나 그 이상의 상호 의존성을 뜻한다. 초기 경전인 『잡아함경』에 나오는 예를 들면 아래와 같다.

"이것이 있으면, 저것이 있다."(유전문)
"이것이 없으면, 저것이 없다."(환멸문)
"이것이 생기면, 저것이 생긴다."(유전문)
"이것이 멸하면, 저것이 멸한다."(환멸문)

위의 예를 좀더 쉽게 표현하면 아래와 같다.

"주는 것이 있으면(없으면),	받는 것이 있다(없다)."
"바람이 일면(멸하면),	파도가 생긴다(멸한다)."
존재성	상의성
(〈유/무〉, 〈생/멸〉)	(다수의 집합)

주는 것이 있으면 반드시 받는 것이 있다. 또 주는 것이 없으면 당연히 받는 것이 없게 된다. 일반적으로 주고받음은 서로 다른 두 개체의 계면(界面)에서 발생한다. 예를 들면 햇빛이 비치면 땅은

2 사성제 | 고집멸도(苦−고통, 集−고통의 원인, 滅−고통의 소멸, 道−고통을 소멸하는 방법).
3 팔정도 | 정견(正見), 정어(正語), 정업(正業), 정명(正命), 정정진(正精進), 정사유(正思惟), 정정(正定), 정념(正念).
4 반야공 | 반야바라밀다의 깊은 이치를 설한 반야경에서 설하는 공. 반야로 관조할 이(理)인 만유는 우리가 실물처럼 보는 것과 같은 존재가 아니고, 다 공하여 모양이 없다는 것을 말함.
5 중도 | 두 개의 대립되는 것[예를 들면 있음(有)과 없음(無), 고통과 쾌락 등]을 떠나 어느 하나에 치우치지 않는 것.
6 사법인 | 일체개고(일체가 고통이다), 제행무상(모든 것이 항상하지 않다), 제법무아(변치 않는 고정된 실체는 없다), 열반적정(무위, 적정의 경계에 드는 열반).
7 사종법계 | 이법계(우주의 만유는 평등하고 보편적인 진여라는 이성의 세계), 사법계(차별적인 현상의 세계), 이사무애법계(사물의 존재원리에 원융해 있으면서 개체의 존재가 자연의 보편적 원리를 따르는 세계), 사사무애법계[일체의 사상(事象)이 서로 교섭하고 융통하여 걸림이 없는 이완된 세계].

천문학자, 우주에서 붓다를 찾다

햇빛을 받아 복사 에너지를 흡수하고, 또 땅이 더워지면 땅에서 지열이 나와서 대기 쪽으로 방출한다.

마찬가지로 대기와 바다의 계면에서 대기가 움직이면서 바람이 일면 이것의 에너지가 바다 표면의 물에 전달되어 파도를 일으킨다. 또 파도가 일면 이것의 운동 에너지가 대기로 전달되어 바람을 일으킨다. 바람이 멈추면 운동 에너지의 전달이 없으므로 파도가 일지 않고 또 파도가 멈추면 바람이 일지 않는다. 결국 에너지의 주고받음이 두 매체의 계면에서 일어나면서 여러 현상이 생기는 것이다.

일반적으로 연기는 두 개체만이 아니라 여러 개체가 서로 동시적으로 작용한다. 현수법장(賢首法藏)이 제시한 연기법의 요점은 다음과 같다.[8]

① 모든 연기는 개체의 특성을 지닌 다양성을 보인다.
② 모든 연기는 널리 가득 차서 서로 도와준다.
③ 모든 연기는 서로 조화롭게 일어난다.
④ 모든 연기는 현상적 구별성에 입각하여 상즉상입(相卽相入)[9]하고 원융무애(圓融無碍)[10]하다.
⑤ 모든 연기는 본질적 동일성에 입각하여 상즉상입하고 원융무애하다.
⑥ 모든 연기는 서로 연관된 인드라망[11]을 이룬다.

이상에서 살펴본 것과 같이 연기는 만유에 존재하는 것으로서 다양한 수수관계가 조화롭게 일어나면서 현상적으로나 본질적으로 상호간의 차별성을 없애며 동등한 이완상태(弛緩狀態)[12]로 이끌어

8 『중국화엄사상사』 | 기무라 기요타카 지음 · 정병삼 옮김, 민족사, 2005, 170쪽.
9 상즉상입 | 서로 포섭하여 원융한 것. 하나가 전체이고 전체가 하나라는 화엄종의 연기사상.
10 원융무애 | 방해 없이 융합하는 것.
11 인드라망 | 인도의 힘의 상징인 인드라신이 있는 제석궁을 둘러싸고 있는 보배 구슬로 장식된 그물.
12 이완상태 | 상의적 수수 과정에서 개체의 고유 자성(正體性)이 상실되면서 안정된 평형상태에 이르는 것.

간다. 한 집단 내에 다양한 소집단이 존재하며, 각 소집단 내에서 연기작용이 일어나고 또 소집단들은 그들 사이에서 상의적 연기작용이 일어나고 있다. 그래서 이들 전체가 유기적으로 원융무애한 연기관계의 인드라망을 이루어간다. 즉 우주 만물은 연기관계 속에 존재한다.

한 수행자가 홀로 산 속 암자에서 오랫동안 수행한다고 하자. 이 수행자는 홀로 있으므로 연기관계가 없다고 말할 수 있을까? 그렇지는 않다. 왜냐하면 공기를 마시고 밖에서 음식을 구해서 먹는다는 것 그 자체가 바로 자연과의 연기관계인 것이다. 이 우주에서 어떤 개체이든 완전한 고립계가 아닌 한 외부와 항상 연기적 수수관계를 이루어 간다. 이것이 소위 진화적 양상이다. 사실 무위적 자연 상태를 이루는 우주에서 완전한 고립계란 결코 존재할 수 없다.

연기는 상호 의존적 관계에서 성립하므로 어떠한 문제가 일어날 때 "이것은 내 탓이요"가 아니라 상호간의 모두의 문제인 것이다. 주고받음(연기)에서 주는 자, 받는 자, 주고받는 것 등이 모두 청정한 것을 삼륜청정(三輪淸淨)이라 한다. 이런 경우에는 상호간에 어떠한 문제도 발생하지 않지만 그렇지 못할 경우에는 일반적으로 '네 탓', '내 탓'을 가리게 된다.

오늘날 심각한 환경문제는 인간이 청정한 것을 자연으로부터 얻고는 청정치 못한 것을 자연에 되돌려 줌으로써 자연을 오염시키고 황폐화시켜 일어난 결과이다. 그리고 인간 사이의 주고받음도 효율적 연기관계를 위하기보다는 개인적 만족에 집착함으로써 번뇌를 벗어나지 못해 항상 불안한 상태에 놓이게 된다. 또한 불필요한 것

천문학자, 우주에서 붓다를 찾다

을 생산하여 주고받도록 함으로써 자연을 낭비하며 인간의 무명(無明)[13]과 탐진치(貪瞋痴)[14] 삼독(三毒)을 증가시키고 있다.

자연은 삼륜청정(三輪淸淨)이 안정되고 조용한 상태에서 진행하고 삼륜공적(三輪空寂)한 상태를 유지해 간다. 인간의 경우는 주고 받음이 청정한 대신 탐욕이 묻어 있으며, 공적한 대신 소란스럽고 불안정하다. 이 모든 것이 소비적인 상업주의적 연기성을 지니기 때문이다. 이런 부당한 연기관계를 억제하기 위해서도 반드시 청정한 연기법계의 당위성을 보여주는 불법이 필요한 것이다.

우리가 접하는 여러 학문 중에도 주고받음의 연기관계를 구체적으로 다루는 분야가 있다. 예를 살펴보면 아래와 같다.

주고받음의 효율성	➡	경제학, 경영학
주고받음의 정당성	➡	법학
주고받음의 질서	➡	사회과학
주고받음의 자연 질서	➡	자연과학
주고받음의 역사	➡	역사학
주고받음의 본질 규명	➡	철학, 불교

연기에는 염오의 생동심(生動心)[15]에 얽매인 유전연기(流轉緣起)[16]가 있고 또 염오의 생동심을 여읜 환멸연기(還滅緣起)[17]가 있다. 인간과 인간관계에서 나 홀로 깨쳤다고 해서 환멸연기를 가질 수는 없다. 왜냐하면 연기는 상호관계에서 이루어지므로 타자(他者)가 못 깨쳤다면 나도 깨친 것이 아니므로 연기는 환멸연기가 될 수 없다.

13 무명 | 우리들의 존재 근저에 있는 근본적인 무지(無知).
14 탐진치 | 탐하고(탐), 화내며(진), 어리석음(치).
15 생동심 | 외부 대상이나 내심(內心)에 대한 들뜬 마음.
16 유전연기 | 고락(苦樂)의 결과를 초래하는 연기.
17 환멸연기 | 번뇌를 끊고 깨달음을 얻는 연기.

대지(大地)는 거대한 구속력을 가진 닫힌 계(系)이며, 세상은 벗어남의 자유, 해방으로 열린 계이다. 그래서 대지는 나타내면서 감추는 비개방적 존재양식을 지닌다. 확 트인 세상에서 마음은 넓고 깊어진다. 세상에서는 모든 것이 개방되고 자유롭게 존재할 수 있다. 그러나 아래쪽의 대지는 세상이 대지를 떠나지 못하도록 구속하고 있다. 그래서 세상과 대지는 서로 주고받으며 함께 숨을 쉬고 있는 것이다. 발을 땅에 딛고 사는 인간의 마음에도 대지의 마음과 세상의 마음이 서로 교응(交應)하면서 존재하고 있다. 대지의 마음은 궁극적으로 죽어서 돌아가는 곳이고 또 다음 생의 싹을 내는 곳이며, 세상의 마음은 살아 있는 동안 타자(他者)와 적극적인 연기관계를 맺고 있는 곳이다.

연기관계에서 절대적 진리란 존재할 수 없다. 진리로 보았던 것이 다음에 비진리(非眞理)가 될 수 있다. 그래서 진리에는 비진리가 은닉(隱匿)되어 있다. 이런 점에서 진리의 본질이 비진리라고 보는 것이다. 이것은 무(無)의 본질 은둔(隱遁)이 유(有)의 본질 현

화엄종의 초조인 두순(杜順, 557~640)의 시구

"가주(嘉州 : 중국 동부)에 있는 소가 풀을 뜯자
익주(益州 : 중국 서부)에 있는 말이 배가 불렀다.
명의(名醫)를 찾는 대신
돼지 왼쪽 다리에 뜸을 떠라."

여기에는 연기성의 깊은 뜻이 담겨 있다. 중국 북경에서 나비가 날개 짓을 하면 미국 뉴욕에서 태풍이 인다는 나비효과는 불안정한 미세 요동이 증폭되어 거대 규모의 현상으로 발전하는 혼돈적 연기 현상이다.

현(顯現)의 바탕이 되는 것과 같은 이치이다. 또는 침묵이 말의 터전이자 근거가 되고, 탈근거(脫根據)가 근거의 근거가 되는 것과 같은 것이다. 간화선(看話禪)[18]에서 묵언(默言)의 중요성을 든다면 침묵 속에 은닉되어 있는 비진리의 발견일 것이다.

(2) 존재의 본질

연기성의 예에서 "주는 것이 있으면 받는 것이 있다"와 "주는 것이 없으면 받는 것이 없다"의 예는 '있다는 유와 없다는 무의 관계'를 보인다. 즉 존재란 연기관계의 한 양식이다. 존재하지 않는다는 것은 곧 연기관계가 없다는 것이다. 그리고 "바람이 일면 파도가 생긴다" 또는 "바람이 멸하면 파도가 멸한다"에서도 파도가 일어나는 생과 파도가 없어지는 멸의 존재가 연기관계 때문에 생기는 것이다. 그래서 존재에는 유(有)가 나타나면 무(無)가 숨고, 무가 나타나면 유가 숨는 것으로 〈유/무〉로 나타낸다. 생(生)이 일어나면 멸(滅)이 숨고, 멸이 나타나면 생이 숨으므로 〈생/멸〉이다.

낮이 되면 밤이 숨고, 밤이 되면 낮이 숨는다〈밤/낮〉. 착함이 나타나면 악함이 숨고, 악함이 나타나면 착함이 숨는다〈선/악〉. 아름다움이 나타나면 추함이 숨고, 추함이 나타나면 아름다움이 숨는다〈미/추〉. 고통이 나타나면 즐거움이 숨고, 즐거움이 나타나면 고통이 숨는다〈고/락〉. 이러한 이중성은 연기현상에서 반드시 나타난다. 이와 같은 존재에 대한 숨음(은닉)과 나타남(현시)에 대한 동거적(同居的) 이중성은 철학자 하이데거에 의해 제시된 바 있으며 존재도 결국 연기성으로 설명될 수 있다는 걸 알 수 있다. 그리고

18 간화선 | 화두(話頭) 들고 좌선(坐禪)하는 것.

존재나 연기성은 다수의 집합에 의해 일어남이 정상적이다. 그 이유는 개체의 수가 많을수록 집단은 구속력이 증가하는 안정적 연기 관계를 이루어 가기 때문이다.

독일의 철학자 하이데거(M. Heidegger, 1880~1976)가 "존재는 자신을 감춘다. 그 존재는 자신을 감추는 하나의 은적성(隱迹性)에 숨어 있다."[19]라고 했다. 존재는 상의적 연기성이므로 이것은 연접 관계를 지워줄 뿐 그 자체는 특별한 것으로 나타나지 않는다. 이런 연기성은 관계를 맺어준(有) 후에는 자신을 감추며(無) 새로운 관계로 이어진다. 그래서 존재는 현현(顯現)이면서 은적(隱迹)이다. 이러한 하이데거의 생각은 서양의 형이상학에서 존재를 대상성(對象性)으로 본 것과는 근본적으로 다르다.

결국 존재는 단독이면서 연접적(連接的)이고, 유이면서 무이고 무이면서 유이며, 정(靜)이면서 동(動)이고, 삼세(三世)에 걸친 정보를 지니며, 순간적이면서 시원적(始原的)이고, 옛것에서 새로운 것으로의 일탈적(逸脫的) 초월성을 지닌다.

하이데거는 "진리는 오직 나타남만이 결코 아니고, 그것은 숨음으로써 나타남과 마찬가지로 근원적이고 나타남과 함께 친밀하게 현현하고 있다. 두 개념 즉 나타남과 숨음은 두 가지가 아니고, 진리 자체의 하나 되기의 본질 현현이다."[20]라고 했다.

진리의 나타남은 청정한 근본심(根本心)[21]을 통한 인식에 연유하고, 진리의 숨음은 염오의 생동심(生動心)[22]에 의해 진리가 보이지 않음이다. 즉 진리는 오직 드러나기만 하는 것은 아니다. 그것은 숨기도 한다. 숨는 것은 드러내는 것과 마찬가지로 진리의 근원적인

19 『하이데거와 화엄의 사유』 | 김형효, 청계, 2004, 73쪽.
20 『하이데거와 화엄의 사유』 | 김형효, 청계, 2004, 162쪽.
21 근본심 | 마음의 가장 근본을 이루고 있는 청정한 무구심(無垢心).
22 생동심 | 외부 대상이나 내심(內心)에 대한 들뜬 마음.

천문학자, 우주에서 붓다를 찾다

모습이다. 즉 드러내는 것과 숨는 것은 두 가지가 아니라 하나이다. 드러내는 것과 숨는 것은 곧 진리라는 하나의 본질을 표현하는 것이다. 비록 진리가 보이지 않으나 진리 자체가 없다는 것은 아니다. 따라서 생동심에 의해 가려진 것에도 진리는 숨어서 존재한다. 진리가 나타나거나 숨거나, 보이거나 보이지 않는 것은 단순히 마음의 작용에 의한 분별일 뿐이고 법성으로서의 진리는 항상 존재한다. 만약 진리의 나타남을 유, 숨음을 무로 본다면 생멸이 다르나 둘이 아니므로 진리의 성기(性起)[23]는 어떤 상태에서도 존재한다.

"일체가 공하다"는 붓다의 밀의(密意)는 "있음과 없음이 모두 공하다"는 뜻이다. 유와 무가 공이란 뜻은 유이면 무가 숨고, 무이면 유가 숨으면서 유와 무가 동거한다는 존재성을 나타낸다. 그래서 유에 대한 집착도 무에 대한 집착도 없어야 한다는 것이 중도(中道)로서 존재성 즉 연기성이다. 따라서 '일체가 공하다'는 것은 '유와 무가 모두 공하다'는 말로 만유의 존재성을 보이는 것으로서 우리의 인식에서 어느 한 극단에 치우쳐 집착하지 말 것을 강조한다.

『아비달마 대비바사론』에서 "만약 한 찰나에 세상이 있다면, 한 법이 한 시에 발생하고 노쇠하고 소멸할 것이다. 그러나 이런 이치는 없다. 서로 상반되기 때문이다. 법들이 최초에 생기는 것을 생이라 하고, 최후에 소멸하는 것을 멸이라 하고, 중간에 노숙(老熟)하는 것을 노(老)라고 한다."[24]라고 했다. 여기서 노는 머무는 주(住)에 해당하며, 생·주·멸의 삼상(三相)은 상태의 변화를 나타낸다. 생에서 멸로 이어지는 중간이 주이다. 짧은 시간으로 보면 상태는 연속적으로 변하며, 이것은 한 상태가 없어지면서 새로운 상태가

23 성기 | 사물의 체성이 그대로 나타나 있는 것. 법성 그대로 나타남.
24 『중론연구』 | 박인성, 민족사, 2000, 44쪽.

생기고 이것에서 다시 이 상태가 사라지면서 새로운 상태가 이어진다.

즉, 생→주→멸이 연속적으로 이어지는 것이 자연세계의 진화 양상이다. 『아비달마 대비바사론』에서는 유형의 생에서 무형의 멸로 이어지는 중간이 주이므로 생·주·멸의 삼상이 함께 존재할 수 없다는 것이고, 『중론』에서도 같은 취지로 논하고 있다. 즉 법이 소멸하고 있는 때, 이때는 발생하지 않고, 법이 소멸하지 않는다고 한다면, 이런 일은 절대 있을 수 없다는 것이다.[25] 그러나 실질적인 면에서 보면 삼상은 연속적으로 이루어지기 때문에 비슷한 시간에서 일어나고 있다고 볼 수 있다.

생은 멸이 없이 이루어질 수 없고, 멸도 생 없이 이루어질 수 없다. 생멸의 중간에는 주가 존재하는데 이것은 생과 멸의 상태가 완전히 분별되는 기간을 뜻한다. 미시적 세계로 보면 주라는 머무는 기간은 극히 짧다. 만약 육안으로 확인될 수 있는 기간을 취한다면 주의 기간은 그렇게 짧지 않다. 장미꽃이 시들어가는 것은 멸을 계속하고 있다는 것이고 그 기간을 육안으로 확인할 수 있는 경우는 수시간이 걸릴 것이다. 즉 머무는 주의 기간이 상당히 길다는 것이다.

존재론적으로 보면 〈생/멸〉로서 생은 멸을, 멸은 생을 내포한다. 즉 생과 멸은 이중적 동거성을 지닌다. 또한 실제의 경우에 생은 멸을, 멸은 생을 동반한다. 여기서 생과 멸 사이의 주는 큰 의미가 없다. 그러므로 생·주·멸은 삼상으로 거의 동시적이라고 볼 수도 있다. 이 경우는 마음을 심찰나(心刹那 : 마음순간)로 볼 때도 성립한다. 즉 사물을 인식하는 마음을 우리는 극히 짧은 순간에 일어나고 없어지는 심찰나의 연속적 흐름으로 보는 것이다. 여기서 사물

25 『중론』| 용수 지음 · 박인성 옮김, 주민출판사, 2001, 114쪽, 7장 22.

천문학자, 우주에서 붓다를 찾다

의 생멸 순간보다는 마음의 생멸 순간이 17배나 짧다고 본다.[26]

"이것이 있으면 저것이 있다"에서 '이것'의 실재성을 전제하는데 용수(龍樹)는 무자성(無自性)한 존재물에는 존재성이 없기 때문에 '이것이 있으면 저것이 있다'라는 유전문이 성립하지 않는다고 비판했다. 그래서 그는 '이것이 없으면 저것이 없다'라는 부정의 환멸문을 택했다. 용수의 공(空)에서 부정적 요소가 내포되는 것도 실은 이에 기인한다. 그런데 존재라는 것을 〈은/현〉의 이중적 동거성으로 받아들인다면, 존재성 자체에 이미 무상(無常)과 무자성이 내포되므로 연기 공식에서 '이것이 있으면 저것이 있다'라는 유전문도 성립한다.

대승 이전의 초기 불교에서는 인생이 고(苦)에서 시작해서 고로 끝나는 것처럼 삶 자체를 고통의 연속으로 본다. 이런 사고(思考)는 극히 불합리하다. 연기의 세계에서는 고나 낙(樂)이 구별 없이 항상 존재한다. 그러므로 고나 낙에 대한 집착을 버리고 고와 낙이 동거하는 이중성임을 깨달아야 한다. 이런 이중적 동거성의 이해가 바로 중도의 이해이다. 고를 지나치게 강조하면 불교는 허무주의나 염세주의로 빠지게 된다.

만물의 탄생은 바로 천상천하 유아독존으로 고귀한 것이며, 삶은 고귀함의 실현이고, 죽음은 다시 천상천하 유아독존의 고별(告別)로서 다음 세대의 천상천하 유아독존을 잉태시킨다. 탄생과 소멸의 순환이 이러한데 어찌 삶이나 탄생을 고통으로만 보아야 하는가!

불교에서는 고통을 주로 개인적 문제로 돌린다. 그래서 업과 윤회를 언급한다. 그러나 고통은 자신 스스로 만들기보다는 타자와의

26 『아비담마 길라잡이』 | 대림스님·각묵스님 공동 번역 및 주해, 초기불전연구원, 2004, 355쪽.

상의적 연기관계에서 일어난다. 그러므로 상호 수수관계의 과정과 결과를 통해서 나타나는 여러 현상을 살펴야 한다. 이런 인과(因果) 관계는 쌍방에 기인한 것이지 어느 한 쪽의 책임이 아니다. 나아가 사회라는 집단에서는 사회의 역할이 매우 중요하다. 불교는 지금까지 고통과 업을 주로 자신의 인과로 생각해왔기 때문에 사회적 불만이나 반항 의식이 없는 것이 보통이다. 모두가 '내 탓이요'로 돌리고 있는 것이다. 이것은 집단적 연기성을 바르게 이해하지 못함으로써 그 시대의 역사성을 도외시하는 태도가 된다.

(3) 삼제

용수(龍樹, Nāgārjuna, 2~3세기)는 『중론』에서 "여러 인연이 화합하여 생긴 법을 나는 무(無)라고 말하며, 또한 가명(假名)이라 말하며, 또한 중도(中道)의 뜻(義)이라 말한다. 일찍이 어떤 법도 인연을 따르지 않는 바가 없었으니 이러한 까닭에 일체법이 공(空)하지 않는 것이 없다."[27]라고 했다. 여기서 공(空)-가(假)-중(中)을 삼제(三諦)라 한다. 궁극적 진리를 나타내는 진제(眞諦)의 관점에서는 연기관계로 만유는 고정된 자성이 없으므로 공이지만 속제(俗諦)의 현실세계에서는 만유가 가유(假有)로서 존재하므로 유(有)이다. 따라서 공이 단순한 무(無)가 아니라 연기에 의한 중도(中道)를 뜻한다. 그러므로 삼제는 진제와 속제가 둘이 아닌 진속불이(眞俗不二)를 기초로 한다.

27 『중론』 | 용수 지음 · 박인성 옮김, 주민출판사, 2001, 418-419쪽, 24장 18-19.

용수는 『회쟁론(廻諍論)』에서 "또 사물들이 〔다른 것에〕 연(緣)

천문학자, 우주에서 붓다를 찾다

하여 존재하는 것을 공성(空性)이라 부른다. 왜냐하면 〔다른 것에〕 연하여 존재하는 것은 자성(自性)이 없는 것이기 때문이다."라고 하며, 또한 "〔모든 사물은〕 무자성(無自性)하고 무자성하기 때문에 공하다고 생각된다."[28]라고 했다. 결국 공은 환멸연기에 따라 무상(無常)하고 무자성이다. 그리고 용수는 "공성과 연기들은 중도와 하나의 의미라고 설하신, 최고이며 동등한 이 없는 부처님, 그분께 예배드립니다."[29]라고 하면서 공과 연기 및 중도는 같은 것임을 역설한다.

주고받음의 연기관계에서는 만물이 고정된 자성을 갖지 못하므로 무자성이고 공이다. 이러한 무자성에 대한 이해가 열반에 이르는 지름길임을 『사백론석』에서는 다음과 같이 묘사하고 있다. "탐애(貪愛)가 완전히 소멸되는 것은 열반[30]을 증득하는 인(因)이다. 무자성을 보는 것을 제외하면 어떤 법도 그와 같은 탐애를 완전히 소멸할 수 있는 인이 없다."[31] 여기서 탐애는 고(苦)의 근본 원인이다. 따라서 고를 여의려면 탐애를 소멸해야 하고, 탐애를 소멸하려면 만유가 무자성이고 공임을 알아야 한다. 그러면 열반에 이를 수 있는 것이다.

이와 비슷한 이야기를 세존께서는 "무엇이든 연(緣)에서 생한 것이면 그것은 무생(無生)이고, 거기에는 유생(有生)의 자성이 있는 것이 아니다. 만일 법이 연(緣)에 의지한다면 그 모든 것은 공을 말함이며, 만일 공성을 안다면 그것은 깨어있음(不放逸)이다."[32]라고 했다. 여기서 연은 연기를, 그리고 무생이란 무자성의 생을 뜻한다. 유생의 자성이 있는 것이 아니란 말은 태어나는 것은 고정된 자성을 가지지 않는다는 것이다.

28 『회쟁론』| 용수지음 · 김성철 역주, 경서원, 1999, 107쪽, 111쪽.
29 『회쟁론』| 용수지음 · 김성철 역주, 경서원, 1999, 107쪽, 313쪽.
30 열반 | 염오의 생동심을 여의고 청정한 무구심(無垢心)을 현현하는 상태.
31 『깨달음에 이르는 길』| 총카파 지음 · 청전 옮김, 지영사, 2005, 803쪽.
32 『깨달음에 이르는 길』| 총카파 지음 · 청전 옮김, 지영사, 2005, 936쪽.

생이나 멸, 단절이나 연속(常)함, 같은 것(一)이나 다른 것(異), 가거나(去) 오는 것(來) 등은 모두 세속적인 현상으로 진실로 계속 존재하지 않는 가짜로 나타나는 가현(假現)으로서의 가짜로 있음(假有)이다. 그리고 생·멸·단·상·일·이·거·래 등은 연기에 따른 무자성으로 공(無)이라 한다. 그런데 생이 없는데(不生) 멸이 있을 수 없고(不滅), 항상 함이 없는데(不常) 단절이 있을 수 없고(不斷), 같음이 없는데(不一) 다름이 있을 수 없고(不異), 감이 없는데(不去) 옴이 있을 수 없다(不來). 이 팔불(八不)은 있는 것도 아니고 없는 것도 아닌 비유비무(非有非無)로서 중도(中道)에 해당한다.

결국 중도란 긍정적 견해인 가유나 부정적 견해인 무(空) 등 모든 견해들을 받아들이지 않는다. 소위 비유비무인 것이다. 즉 중도란 두 개의 것이 대립을 하지 않는 것으로 예를 들면 〈단/상〉의 이견(二見), 〈유/무〉의 이견처럼 양변을 떠나 어느 것에도 치우치지 않는 중도를 말하는 것으로 존재성과 동일함을 알 수 있다. 그래서 있다는 것을 말함은 상견(常見)이고, 없다는 것을 말함은 단견(斷見)이다. 존재를 〈유/무〉의 이중적 동거성으로 말함은 상견도 단견도 아닌 중도의 견해이다.

연기성은 존재성을 나타내고 존재성은 중도를 그 특성으로 한다. 그래서 존재를 체(體)로 보면 연기는 용(用)이고 중도는 상(相)에 해당한다. 아래에서 보는 것처럼 존재에는 법성과 진리가 내포된다. 그리고 가(假)는 사(事)로서 현상계를, 공은 이(理)로서 이치를 나타낸다고 볼 수 있다. 또한 존재의 현상계가 가짜로서 유이면, 공은 무상으로 정체성이 없다는 데서 무로 볼 수 있다. 즉 연기에

천문학자, 우주에서 붓다를 찾다

따른 법의 비실재성은 공성으로 무인 것이다. 공·가·중을 동시에 한 생각 속에서 체험하는 관법(觀法)을 일심삼관(一心三觀)으로 원융삼관(圓融三觀)이라 한다.[33]

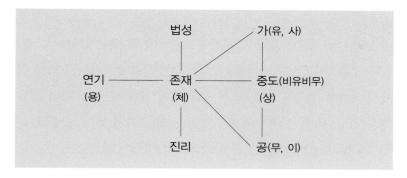

『중론』에서 공(空 : śūnya)으로 하여 저 모든 사물들과 사건들이 생겨날 수 있으며, 공 없이는 아무것도 생겨날 수 없다고 하면서, 공의 진리를 통해 제법은 성립하는 것이라고 했다.[34] 여기서 공 없이는 모든 사물이나 사건이 존재할 수 없음을 보인다. 즉 공은 연기성이고, 연기성은 존재를 정의하므로 공 없이는 아무것도 생겨나 존재할 수 없게 되는 것이다.

예 연기에 따른 사물의 비동시적 동거성이 존재이고, 모든 존재의 무자성이 공이라는 것으로 반야심경에 나오는 '색즉시공 공즉시색'의 예를 살펴보자.

색즉시공(色卽是空 : 색이 곧 공이다) : 사물의 존재가 곧 연기로 무자성이고(색이 숨고 공이 나타나는 것으로 관함),
공즉시색(空卽是色 : 공이 곧 색이다) : 연기로 무자성이 곧 사물의 존재이다.(공이 숨고 색이 나타나는 것으로 관함).

33 『天台四敎儀』 | 諦觀 錄·이영자 역주, 경서원, 2006, 268쪽.
34 『중론』 | 용수 지음·박인성 옮김, 주민출판사, 2001, 420쪽, 24장 12.

여기서 공과 색은 〈은/현〉의 존재의 이중적 동거성으로 색이 나오면 공이 숨고, 공이 나오면 색이 숨는다.

세존께서는 "세상만사가 어떻게 발생하고 어떻게 소멸하는지에 대한 진상과 지혜에 순응하여 세상을 바라보는 사람에게는 '없음'이나 '있음'이 존재하지 않느니라. 가전연(迦旃延)이여, '모든 것이 존재한다'는 것은 하나의 극단이고, '모든 것이 존재하지 않는다'는 것은 또 다른 하나의 극단이니라. 여래는 이 양 극단을 받아들이지 않고 중도에서 진리를 설하느니라."[35]라고 했다.

만유의 존재를 어떻게 보느냐가 문제이다. 존재를 유와 무가 함께 동거하는 것으로 본다면 세존의 말처럼 유나 무의 어느 것에 집착할 필요가 없다. 왜냐하면 유에는 무가, 무에는 유가 내포되기 때문이다. 유가 나타나면 무가 숨고, 무가 나타나면 유가 숨는다. 이런 존재성이 바로 중도이다.

만유의 발생은 소멸을 내포하고, 소멸은 발생을 내포한다는 진상을 바르게 안다면 곧 존재성인 중도를 아는 것이므로 '모든 것이 존재한다'는 것이나 '모든 것이 존재하지 않는다'는 한 극단에 치우칠 수가 없게 된다.

용수는 세존이 '있음'과 '없음'이라는 견해를 모두 거부했다고 보는 비유비무를 중도로 간주한다. 즉 부정적인 불교의 취지를 따르고 있다. 그런데 〈은/현〉의 이중적 동거성을 존재성으로 볼 때 구태여 유·무의 부정을 강조할 이유는 없다. 왜냐하면 유와 무는 항상 함께 동거하고 있으며 현상적으로 어느 한 쪽만이 인지되고 이에 따라 우리는 인식하기 때문이다. 즉 유와 무 모두의 긍정이나

35 『불교의 중심철학』 | 무르띠 지음 · 김성철 옮김, 경서원, 1999, 115쪽.

천문학자, 우주에서 붓다를 찾다

모두의 부정을 반드시 따라야 할 이유가 없다. 그 이유는 이미 유에 무가, 무에 유가 내포되어 있기 때문이다.

마하반야바라밀다심경을 쉽게 풀어 요점만 적어 보면 아래와 같다.

"관자재보살께서 깊은 지혜의 완성을 행할 때 오온이 모두 무자성임을 밝히 보아 온갖 고통과 재난에서 벗어나느니라.
사리자여, 물질이 연기성으로 무자성이며 무자성이 물질이니, 물질이 영원치 않으므로 영원치 않음이 곧 물질이니라. 감각, 지각, 행함, 인식도 또한 마찬 가지로 무자성이니라.
사리자여, 이 모든 현상이 무자성한 연기성을 따름으로 생멸이 다르지 않고, 더럽고 깨끗함이나 늘거나 주는 데 차별이 없다. 그러한 까닭에 연기성은 의 식이나 감각기관, 감각 대상에 따라서 변하는 것이 아니니라.
연기성에서는 유위적으로 보고 의식하는 경계나 무명, 노사, 고집멸도, 지혜 등 얻을 것이 없는 것에 대한 집착을 떠나면 마음이 자유롭고 두려움이 사라 져 바른 깨달음〔正覺〕에 이르느니라. 그러므로 연기에 대한 깨달음(지혜의 완 성)은 더할 나위 없는 진실한 바람이니라."

(4) 집단의 연속적 연기

여러 개체들이 많이 모인 집단을 생각해 보자. 개체들 간에는 연 속적인 수수관계를 이어간다. 한 개체를 중심으로 볼 때 이것이 가 까이 있는 이웃 물체와는 강한 수수관계를 가질 것이고 멀리 떨어 진 것과는 수수관계가 매우 약할 것이다. 그러나 모든 개체들이 움 직이고 있기 때문에 멀리 떨어진 것도 언젠가는 가까워지면서 강한 수수관계를 맺게 된다.

이러한 동적인 연기적 수수과정을 오랫동안 거치게 되면 각 개체 들이 초기에 지녔던 정체성(正體性 : identity)이 상실되면서 집단 전체의 보편적 특성이 확립된다. 이 경우에 서로 멀리 떨어져 있는 이접적(離接的) 다자(多者)가 서로 가까이 있는 연접적(連接的) 일자(一者)로 이행된다. 그래서 일즉다 다즉일(一卽多 多卽一 : 하나가 전체이고, 전체가 하나이다)인 상관관계가 성립한다. 즉 다수의 구성원으로 이루어진 집단에서 한 구성원을 보면(一者) 집단 전체(多者)의 특성을 알 수 있고, 또 집단 전체(多者)의 특성을 보면 구성원(一者)의 특성을 알 수 있는 것이다. 이처럼 집단 전체의 특성에 의해 개체의 특성이 규정될 때 집단은 안정된 이완상태(弛緩狀態)에 이르렀다고 한다.

현수법장(賢首法藏, 643~712)은 『화엄경지귀(華嚴經旨歸)』에서 "자기가 곧 타자(他者)이고, 타자가 자기이다. 자기가 곧 타자이기에 자기가 정립되지 않고, 타자가 곧 자기이기에 타자가 존재하지 않는다. 그러므로 타자와 자기가 존재하기도 존재하지 않기도 하는데 그것은 동시에 현현한다."[36]고 했다.

철학자 하이데거도 비슷한 말을 했다. 즉 "자기가 곧 타자이고, 타자가 곧 자기이다. 자기가 타자이기에 자기가 독립적으로 서 있지 않고, 타자가 곧 자기이므로 타자가 별개로 존재하는 것이 아니다. 타자와 자기, 유와 무가 동시에 현현한다."[37] 연기성으로 자타가 구별 없이 동시에 현현한다는 것이다.(自他가 서로 같지도 않고 다르지도 않은 不一不異의 관계) 이것은 집단의 이완적 특성으로서 개체의 고유 자성이 상실되므로 타자의 특성이 자기의 특성과 같아지면서 자기가 타자이고 타자가 곧 자기가 되는 것이다.

그리고 하이데거는 "타인과의 존재관계는 자기 자신에게로 향하는 자기 자신의 존재를 타인 속으로 투사하는 것이 된다. 타인은 자

36 『하이데거와 화엄의 사유』| 김형효, 청계, 2004, 119쪽.
37 『하이데거와 화엄의 사유』| 김형효, 청계, 2004, 418쪽.

천문학자, 우주에서 붓다를 찾다

기의 복사이다."[38]라고 했다. 이것은 남을 통하여 나를 알 수 있게 된다는 것이다. 즉 연접적 연기관계에서는 서로가 서로에게 자신을 비추어 봄으로써 상호관계를 잘 알 수 있다. 그리고 보다 안정적인 연기관계를 이룰 수 있다. 또한 집단에서는 태어나면서 공동체의 잠재적 무의식을 가지고 태어난다. 그러므로 타인에게 나와 같은 무형의 무의식이 내재해 있게 된다. 한 집단 내에서 공통적으로 전승되어 오는 이런 무의식(칼 융은 이를 집단 무의식[39]이라 했다) 때문에 서로는 서로의 복사가 되는 것이다.

(5) 무위적 연기와 이완

인간 사회에서 일어나는 연기관계는 복잡한 유위적(有爲的)[40] 수수관계를 따른다. 그러나 자연에서 일어나는 물체들 사이의 수수관계는 유위적 조작이 없는 무위적(無爲的)[41] 과정을 통해 일어난다. 특히 서로 사이에 인력이 미치는 천체들 사이의 연기관계를 살펴보자.

천체들이 가까이 만나면서 인력을 미치는 것을 섭동(攝動)이라 한다. 이 과정에서 서로 간에 에너지를 주고받으면서 운동 속도와 경로에 변화가 발생한다. 즉 질량이 큰 천체는 질량이 작은 천체를 강하게 끌어당긴다. 그래서 질량이 작은 천체는 속도가 증가되면서 운동 경로에 많은 변화가 일어난다. 한편 질량이 큰 천체는 속도가 줄어들면서 집단의 중앙으로 쏠리게 된다.

일반적으로 무위적인 에너지 수수과정에서는 모두가 에너지를

38 『하이데거와 마음의 철학』 | 김형효, 청계, 2002, 123쪽.
39 집단 무의식 | 계승된 보편적인 모든 범주의 집합적 의식.(참조 『융, 무의식 분석』 : C. G. 융 지음 · 설영환 옮김, 도서출판 성영사, 2001, 196쪽)
40 유위 | 함이 있는 것. 조작이 있는 것.
41 무위 | 함이 없다는 뜻이다. 희랍에서 사용한 자연성(自然性)에 해당하는 것으로 인위적으로 조작을 가하지 않는 것을 말한다. 불교에서는 인연관계가 없는 궁극적인 것을 무위로 쓰지만 이 책에서는 무위를 자연성에 해당하는 것으로 계속 사용한다.

최소로 소모하는 방향으로 진행한다. 이것을 최소작용의 원리라 부른다. 즉 무위적 연기과정에서는 외부 작용에 대해 만물은 최소 에너지로 반응하고 또 최소 에너지 상태에 머물면서 안정된 평형상태에 이르며, 이를 이완상태라 한다. 이런 상태는 원효(元曉, 617~686)대사가 말하는 "무파이무소불파(無破而無所不破), 무입이무소불입(無立而無所不立)"[42]에 해당한다. 즉 유위적으로 억지로 파하지 않지만 파하지 않는 바 없고, 유위적으로 억지로 세우지 않지만 세우지 않는 바 없다는 것이다. 그래서 모든 것이 다 무위적으로 없어질 것은 없어지게 되고 일어날 것은 일어나게 되는 것이 곧 자연의 조화의 법칙이며 이완상태로 이끄는 길이다. 이런 상태에서는 모든 개체가 무적(無的)인 일반자(一般者)로서 절대무(絶對無)의 경지에 이르게 된다.

지상에 있는 인간을 포함한 만물도 궁극적으로는 이런 이완상태로 지향해 가고 있다. 이런 물리적 상태가 인간의 경우에는 번뇌 망상에 따른 염오(染汚)의 생동심을 여읜 유여열반(有餘涅槃)[43]에 해당한다.

자연에서 일어나는 무위적 연기작용의 중요성은 섭동에서도 볼 수 있다. 예를 들면 태양 주위를 지구가 공전하고 있다. 만약 지구 이외에 다른 행성이 없다면 지구의 공전 궤도는 일정한 닫힌 궤도가 된다. 그러나 지구 주위에는 가장 가까운 금성, 화성 그리고 태양계에서 가장 큰 목성, 토성 등이 있다. 이런 이웃 행성들의 작은 인력을 섭동이라 한다. 태양의 주된 인력 이외에 주위의 작은 섭동 때문에 지구의 타원 궤도는 열린 궤도가 된다. 그리고 궤도의 모습이 주기적으로 변화한다. 지구 운동의 역학적 진화는 태양의 인력

42 『사색인의 염주』│ 이기영, 한국불교연구원, 1999, 127쪽
43 유여열반│진여가 번뇌장을 여읨. 번뇌 망상의 생동심을 여읜 열반.

천문학자, 우주에서 붓다를 찾다

에 의한 것이 아니라 이웃 행성들의 섭동 때문에 일어난다. 그 결과 지구와 태양 사이의 거리가 변하면서 10만년 주기로 지상에 빙하기가 닥친다.

인간 사회에서도 섭동의 효과는 매우 중요하다. 예를 들어 집안에서 어린이가 받는 구속력은 부모에 의한 것으로 주된 힘이다. 어린이가 밖에 나가면 다른 아이들이나 주변으로부터 항상 섭동(영향)을 받는다. 만약 나쁜 섭동이 누적되어 부모의 구속력보다 커지게 되면 그 아이는 더 이상 부모에게 복종을 하지 않고 자기 주장대로 행동할 것이다. 그래서 가출도 할 수 있게 된다. 맹자(孟子) 어머니가 맹자를 위해 집을 세 번 옮긴 것도 모두 이런 외부의 좋은 섭동을 받기 위해서이다. 이처럼 연기관계에서 일어나는 섭동은 서로간의 질을 변화시키는 주 요인이 됨을 알아야 한다. 올바른 섭동은 안정된 이완으로 유도하지만 나쁜 섭동은 불안정을 증폭시켜 계(系)를 파괴시킨다.

국가의 경우도 마찬가지다. 특히 오늘날처럼 세계화된 시대에는 한 국가는 지역에 관계없이 다른 여러 국가들로부터 계속 섭동(영향)을 받고 있다. 그리고 이런 섭동은 계속 누적된다. 만약 국가 자체의 구속력(통치력)이 약하면 그 국가는 외부의 섭동 때문에 불안정한 상태에 놓이게 된다. 그 결과 인적·물적 자원의 이탈이 발생하게 되며, 이런 상황은 국가의 구속력을 더욱 약화시켜 불안정을 증폭시킨다. 연속적인 섭동으로 불안정의 증폭이 더욱 심화되면 그 국가는 파멸로 치달을 수도 있다.

오늘날 지상에서 일어나고 있는 세계화는 물적 연기관계를 통한 이익의 창출이 근본이지 결코 정신적 공동 생명체의 존재가치를 지향하는 것은 아니다. 그러므로 특히 강대국이 부르짖는 세계화는 화엄세계와는 거리가 먼 인간 중심적이며 자연 지배적인 이념을 기초로 하고 있다. 이러한 상황에서는 물질적 섭동뿐만 아니라 정신적인 문화의 섭동도 매우 중요하게 작용한다. 예를 들면 오늘날 특히 전자정보통신 산업의 발달에 따른 섭동은 생활의 편리성을 넘어서 인간의 사고력을 단순화시키면서 정신문화를 반도체(半導體)의 효용성으로 대치시키며 인류의 문화를 말살해 가고 있다.

3. 생명과 우주심

(1) 생명의 정의

물질의 최소 구성단위는 분자이다. 분자들의 결합으로 이루어진 물체는 외부로부터 에너지를 흡수하면 그에 상응하는 높은 에너지 상태로 올라가면서 분자활동이 활발해진다. 그래서 물체의 온도가 증가한다. 반대로 물체가 에너지를 상실하면 분자활동이 감소하면서 온도가 내려간다. 이때 에너지는 복사 에너지일 수도 있고, 또한 직접 충돌하면서 에너지를 주고받을 수도 있으며, 또는 가까이 조우하면서 역학적 에너지를 주고받을 수도 있다.

정상적인 물질은 절대 영도(섭씨 영하 273도) 이상에서는 항상 분자활동이 일어나고 있다. 우주의 평균 온도는 절대 영도 이상이므로 우주 내 모든 물질은 활동을 하는 생의(生意 : 생명력)를 지닌 생명체로 간주할 수 있다.

보통은 유기물질로 구성된 세포로부터 시작되는 구성, 성장, 조절, 물질대사, 복제 등의 기능을 가진 것을 생명으로 정의한다. 독일의 엥겔스(F. Engels, 1829~1895)는 생명이란 단백질의 존재양식이라 했다. 데모크리토스(Democritos, B.C. 460~370)와 에피쿠로스(Epicuros, B.C. 341~270)는 모든 물질은 최소 단위인 원자로 구성되고 여기서 생명현상이 발현된다고 보았다. 이들의 원자론은 유물론적 기계론에 해당한다. 현대의 위너(N. Wiener, 1894~1964)는 생명현상을 자동제어 기계로 보고 있다. 이런 기계론과 달리 현대의 분자생물학을 기초로 한 환원설(還元說)[1]은 생명체를 단지 유기적 분자들을 보존하도록 마련된 틀로 본다. 즉 생명이란 기계로서 조직화된 정보일 뿐이라는 것이다. 그래서 생명을 분자의 차원으로 환원시켜 설명하려 한다. 이상의 생명관은 지상의 생명체에 국한된 것이다.

그러면 별도 생명을 가질까? 별의 진화론에 따르면 별도 인간처럼 태어나 일생을 지내다가 임종을 맞으며 별로서의 일생을 끝마친다. 태양과 같은 별은 그 일생이 100억년 이상이다. 100년도 채 못 사는 인간에 비하면 태양은 1억 배 이상 더 오래 산다는 것이다. 밤하늘에 보이는 빤짝이는 별들은 모두 일생을 살아가는 생명체다. 그들은 인간처럼 자식을 낳지는 않지만 홀로 일생을 살다가 자신의 물질을 밖으로 방출하며 다음 생명의 씨앗을 만든다. 그래서 별들의 세계는 계속 세대를 이어가는 것이다.

영국의 천문학자 프레드 호일(F. Hoyle)은 별을 잉태시키는 수소(水素) 구름도 생명체로 보고 수소 분자들은 전파로 서로 교신한다

1 환원설 | 복잡한 것을 아주 간단한 기본 단위로 환원해서 살피는 이론.

천문학자, 우주에서 붓다를 찾다

고 했다. 결국 분자에서 별에 이르기까지 이 우주의 만물은 생명력(生意)을 가진다고 보는 것이 생명의 광의적 정의로 볼 수 있다. 즉 외부와 에너지 수수교환을 일으키는 것은 모두 생의를 가진 생명체로 정의한다. 이와 같이 인간 중심적 견해를 벗어나 우주 만물을 포섭할 수 있도록 생명을 정의하는 것이 인간이 자연과 합일(合一)할 수 있는 첩경으로 생각된다.

이 정의에 따르면 길바닥의 돌이나 흙, 공기도 생명체이며 지금 글이 쓰인 이 종이도 생명체다. 우리와 함께 접하고 있는 모든 것이 생명체인 것이다. 생명체 아닌 것은 이 세상에 아무것도 없다. 말 못하는 생명체는 인간의 유의적 행에 그냥 따라갈 뿐이다. 올바른 행위에서는 그 생명체가 생명체로서의 존재가치를 잘 발휘할 것이고, 그렇지 못하면 그 생명체의 존재는 허무하게 사라질 뿐이다. 특히 경쟁적이며 소비 지향적인 오늘날은 인간마저 소모품으로 전락되고 있으므로 말 못하는 생명체의 존재는 더 말할 나위도 없다. 만약 절이 살아 있는 생명체며 그리고 절에 모신 부처가 살아 있는 생명체라는 것을 인정하고 싶지 않다면, 당신은 생명이 없는 암흑 속에서 살고 있는 셈이다.

이런 점에서 특히 예술 작품에는 우주의 섭리에 따른 생명력이 내재되어 있음을 알아야 한다. 그래야만 그 작품은 살아 있는 생명력을 지니게 된다. 일반적으로 작품 속에는 세속적 진리와 궁극적 진리가 어울려 존재하므로 추상성을 떠나 살아서 우리 곁에 다가올 수 있어야 한다. 특정한 형식이나 논리에 따른 예술 작품은 숨을 쉬지 못하는 죽은 작품이 될 수도 있다. 예술 작품에서는 꽉 채워진 것보다는 부족한 것 같으면서 무엇인가 암시되는 것이 있을 때 그것은 살아 있는 작품이 되는 것이다. 그리고 예술에는 나타남의 유(有)와 숨음의 무(無)가 동거(同居)하고 있으므로 나타남 속에서 숨음을 찾아야 한다. 그래야만 그 예술을 올바르게 이해할 수 있는 것이다.

예술 작품에는 수많은 생명력이 있다. 종이며, 물감, 붓, 글씨, 그림, 악기, 등등 모든 것이 생명체이다. 이런 것들로 이루어진 작품에서는 조화롭게 소리 없이 노래하는 시(詩)가 있다. 이런 생명의 시는 작가가 보여주는 깨달음의 시인 것이다. 이 시의 소리를 들을 수 있을 때 진정한 예술의 이해자(理解者)가 되는 것이며, 그리고 작품 속의 생명체들과 동등한 일원이 될 수 있는 것이다.

한편 『아미타경』에 의하면 새들의 소리는 아미타 부처님의 설법이요, 극락정토의 화음이다.[2] 마찬가지로 음악을 연주하며 내는 소리도 나무 소리, 바람 소리, 시냇물 소리, 새소리처럼 살아 있는 자연의 설법이요, 아미타 부처님의 현현인 것이다. 이 우주에서 무엇 하나 생명의 소리가 아닌 것이 없다.

(2) 우주심

물리학자이면서 철학자인 영국의 화이트헤드(A. N. Whitehead, 1861~1947)는 "생명의 특성은 절대적인 자기 향유와 창조적 활동 및 목적이다."[3]라고 했다. 즉 생명이란 진화하는 통일체 내에서 창조적인 연기관계를 이루는 개체성으로 보는 것이다. 그는 "감각지각이 자연 내의 근본적인 활동을 식별해 내지 못한다."는 점을 강조하면서 우리의 감각지각은 돌이 생명체라고 느끼지 못한다는 것이

2 『아미타경』 | 틱낫한 강의 · 진형종 옮김, 미토스, 2006, 109쪽.
3 『열린 사고와 철학』 | 화이트헤드 지음, 오영환 · 문창옥 옮김, 고려원, 1992, 175~177쪽.

천문학자, 우주에서 붓다를 찾다

다. 그리고 "과학은 곁에 있는 외투만을 검토하고 그 속에서 외투를 받치고 있는 신체는 도외시하고 있는 것이다."라고 하면서 "과학이 자신이 구성한 활동의 정식(程式)[4]들에다 아무런 의미도 부여하지 못하고 있다."고 했다. 그러므로 이들 정식들로는 모든 자연현상을 구체적으로 다 설명할 수는 없는 것이다. 이런 점에서 그는 "사실상 어떤 다른 관찰의 원천도 없이 단지 감각지각에만 의존하고 있는 것으로 간주되는 과학은 그것이 자족성을 내세우고 있는 한, 파산에 이르게 된다."고 경고하고 있다.

그는 자연 내의 생명체를 대충 6가지로 분류했다.[5] 즉 인간, 동물, 식물, 단세포 생물, 별과 같은 거대 규모의 생명체, 아원자(亞原子) 세계와 같은 미세규모의 생명체. 우리의 감각지각으로는 별이나 돌, 원자가 생명체라는 것을 이해할 수 없다. 그러나 분명한 것은 별도 인간처럼 일생을 살아가고 있으며, 돌이나 원자는 외부 영향에 대해 수동적으로 반응, 적응하는 생명체라는 것이다. 인간이 소유한 정신은 우주 구성 요소의 하나일 뿐이지 이것이 모든 생명체의 필수 조건은 아니다. 만약 인간이 전자현미경의 눈으로 세상을 본다면 돌이나 분자, 원자 등등 우주 만물이 살아 활동하고 있는 생명체임을 쉽게 알 수 있을 것이다. 인간이 자연의 일부인 한 우리는 생명에 대한 제한적 경험을 넘어서 긴 시간에 걸쳐 이루어진 역동적인 우주 만물의 생명의 보편성과 평등성을 인정하지 않으면 안 된다.

우리는 여기서 편의상 만물을 우리의 상식선상에서 무기물(無機物), 식물, 동물, 인간으로 대별한다. 여기서 그들의 특성을 보면

4 정식 | 수학적인 틀
5 『열린 사고와 철학』 | 화이트헤드 지음, 오영환·문창옥 옮김, 고려원, 1992, 180쪽.

아래와 같다.

> 무기물 : 분자 활동을 통해서 외부 반응에 자연적 순응 및 적응
> 식　물 : 빛과 물을 향한 지향성 + 번식 본능
> 동　물 : 생물학적 본능 + 활동성
> 인　간 : 생물학적 본능 + 창조성과 파괴성

> 무기물 : 무기물심〔무위성(자연성), 평등성, 보편성, 이완성〕
> 식　물 : 무기물심 + 본능적 지향성
> 동　물 : 무기물심 + 식물심 + 단순한 집착심과 분별심
> 인　간 : 무기물심 + 식물심 + 동물심 + 복잡한 유위적 지혜 놀이

　무기물은 무위적으로 외부 작용에 반응하고 순응하므로 항상 특별한 것이 존재하지 않는 보편성과 평등성 그리고 외부 반응에 대해 최소 에너지로 작용한다. 그리고 항상 최소 에너지 상태에 머무는 최소작용의 원리를 따르며 이완성을 유지하는 무기물심(無機物心)을 가진다. 이에 비해 식물은 빛과 물을 향한 지향성과 번식 본능을 지니며 동시에 구성물질이 지니는 무기물적 특성을 가진다. 동물의 경우는 양식을 밖에서 구해야 하기 때문에 활동성을 지니므로 집착심과 분별심을 지닌다. 그리고 무기물심과 식물심(植物心)을 함께 지닌다. 인간의 경우는 창조와 파괴에 대한 복잡한 지혜 놀이를 즐긴다. 그리고 인간의 구성 물질이 지니는 무기물심, 동물심(動物心), 식물심을 모두 지닌다.

　무기물의 근본 본성인 무위성(無爲性), 평등성, 보편성, 이완성

천문학자, 우주에서 붓다를 찾다

(弛緩性)은 우주 만물의 근본 속성에 해당하며 우리는 이것을 우주심(宇宙心)이라 부른다. 이 우주심은 무기물, 식물, 동물, 인간 모두에 내재해 있다. 이런 특성이 인간의 경우는 복잡한 번뇌 망상의 염오심(染汚心) 때문에 가려져서 밖으로 잘 발현되지 못할 뿐이다. 생물학적으로 볼 때 식물, 동물, 인간으로 올수록 진화가 더 많이 이루어진 것으로 간주하지만 우주심의 견지에서 보면 만물의 영장이라는 인간이 우주심을 가장 잘 발현하지 못한다.

(3) 만물의 본성

앞서 살펴본 만물의 속성인 우주심이란 작위함이 없지만 작위하지 않음도 없다(無爲而無不爲)는 무위성(자연성)과 특징이 없는 평범한 보편성, 주객의 대립이 없는 평등성, 개체의 초기 정체성이 완전히 상실되는 이완성으로서 이런 특징은 여러 사람들에 의해 지적되고 있다.

예를 들면, 보조국사 지눌(知訥, 1158~1210) 스님의 『진심직설(眞心直說)』에서 "산하대지가 모두 진심이다."라는 데서 진심은 바로 우주심이다. 그리고 『화엄경』에서는 초목, 비정(非情)에 이르기까지 비로자나불[6]의 현현이라고 했는데 초목과 무생물에 나타나는 비로자나불은 곧 불성(佛性)[7]으로서의 우주심인 것이다. 한편 『기신론』에서는 "모든 생멸의 법이 모이고 또 모여서 생겨나는 까닭에 중생이라 이름한 것이니, 중생이라는 자체는 없는 것"이라고 했다. 여기서 생멸이란 특별한 것이 아니라 에너지의 취산(聚散) 현상으로 에너지가 모여 형상을 가지면 이것이 중생으로 곧 생명체인 것

6 비로자나불 | 무량 공덕을 닦아 정각(正覺)을 얻는 연화장세계의 제일 높은 부처.
7 불성 | 부처를 이룰 근본 성품. 진리 자체. 진여. 진면목.

이다. 그리고 에너지가 흩어져서 무형이 되면 단순한 물질로서 우주심을 가지는 것이다. 천태종의 담연(湛然 : 711~782)스님은 화엄종(華嚴宗)에서 무정(無情)에는 불성이 없다고 한 것을 비판하면서 유정과 무정의 본성은 모두 불성이 있다고 보았다.[8]

결국 우주 만물이 중생인 것이다. 즉 원자의 미시세계에서부터 티끌, 인간, 별, 은하의 거대한 거시세계에 이르기까지 우주 내 만물은 모두 생명을 가진 중생(有情과 無情)이며 이들을 포함하는 우주는 하나의 거대한 생의를 지닌 초유기체(超有機體)인 것이다.

『열반경』에서 "불성이 없는 것이란 이른바 일체가 장벽와석과 같은 무정물(無情物)을 말한다. 이와 같은 무정물을 벗어나 있는 것을 불성이라 이름한다."[9]라고 했다. 그리고 "나(여래)는 항상 일체 중생 실유불성(一切衆生悉有佛性 : 일체 중생은 모두 불성이 있다)을 선언한다." "일천제(一闡提)[10] 등에게도 역시 불성이 있다. 일천제에게 선법(善法)은 없으나 그 본성은 역시 선(善)이므로 미래에 있을 것이다. 그래서 일천제들에게도 실유불성이라고 말한다."[11]라고 했다.

불성은 유정에게만 있다는 뜻인데, 우주심을 근본심으로 볼 경우에 유정과 무정에 무관하게 만유가 불성을 가지고 있음이 마땅하다. 무한한 우주에서 점보다 못한 지구상의 유정에만 불성이 있다는 생각은 불법을 지극히 작은 지구라는 공간에 제한시키는 결과에 불과하다. 불법이 전 우주적일 때 우주 속에서 살아가는 인간이 우주의 초생명체와 이들의 우주심을 깨달을 때 비로소 진정한 우주의 구성원이 될 수 있다. 그렇지 않으면 인간은 우주에서 지극히 보잘 것 없는 존재로 잠깐 머물다가 사라지는 허무한 존재밖에 되지 않

8 『불교철학개론』 | 方立天 지음 · 유영희 옮김, 민족사, 1992, 54쪽.
9 『열반경종요』 | 원효 지음 · 김호귀 역주, 도서출판 석란, 2005, 121쪽.
10 일천제 | 아무리 수행하여도 절대로 깨달을 수 없는 자.
11 『열반경종요』 | 원효 지음 · 김호귀 역주, 도서출판 석란, 2005, 17쪽.

는다.

그런데 우주에서 일어나는 진화는 항상 우주적인 생명 환경에 따라 발생하므로 인간도 이런 유기적 진화 역사를 거역할 수는 없다. 그렇다면 유정과 무정이 특별히 다를 이유가 없다. 단지 살아가는 형태가 다를 뿐이다. 100살도 채 못사는 인간이 100억 년 이상을 살아가는 별의 일생을 어찌 단순한 무정으로 무시할 수 있는가? 그러면서도 우주의 신비를 알고자 하는가? 인간이 인간 중심적 사고를 벗어나지 않는 한 인간에게 우주는 아무런 의미를 갖지 못하므로 우주는 더 이상 존재할 수 없다.

이상의 논의를 고려할 때 우주 만물이 모두 생명을 가졌다고 보는 것이 만유는 모두 동등하다는 불교의 평등사상에 더 잘 부합된다고 본다. 무정(無情－감정이 없는 것)과 유정(有情－감정을 가진 것)을 구별함은 이들 사이의 대립관계에서 인간의 우월성을 나타내는 결과밖에 안 된다. 그러면 현대 과학과 기술이 인간 중심주의로 외부 대상을 다루는 것과 다를 바 없으며, 이것은 결코 불교가 지향할 바가 아니다.

오늘날 유전공학이나 생명과학은 죽게 되어 있는 것을 죽지 않고 가능한 오래 살 수 있도록 노력한다. 이런 행위는 사실 자연의 섭리를 거역하는 것이다. 이런 과학적 목적이 겉으로는 생명의 존중에 있는 것 같지만 실은 인간 중심적 사상과 물질만능주의가 바탕에 깔려 있다. 현대의 물질문명이 인간이나 다른 생명체를 병들게 만들면서 한편으로는 이를 구실로 재화를 획득하려는 노력이 얼마나 자연의 섭리에 어긋나는 것인가. 우리는 삶을 치료하기 전에 죽음을 잘 맞이하는 법을 먼저 배워야 한다. 그리고 무위적으로 흘러가는 자연의 섭리를 거스르는 인간 행위는 엄격히 금지되어야 한다. 그래야만 인간뿐만 아니라 다른 생명체의 삶의 가치도 올바르게 존중될 수 있는 것이다.

(4) 우주적 생명관

① 동양의 생명관

중국의 허신(許愼, 30~124)은 '생(生)'이라는 글자는 나아감이며, 풀과 나무가 흙에서 솟아나는 모양을 본뜬 것으로 보았다. 따라서 생명은 동태적 과정이며, 환경과 상호 작용으로 진행하며, 생물학적 비유를 통해 정확히 이해되어야 한다는 것이다. 그리고 인간은 천지를 도와 만물을 참찬화육(參贊化育)하는 의무를 지녀야 한다고 본다. 또한 장자(莊子)는 생명 중심적 평등사상을 펴면서 인간은 다른 종(種)의 지배자가 아니라 평등한 관계를 이루어 가는 하나의 일원으로 보았다.

동양의 생명관은 개체 생명 현상에 머무는 것이 아니라 새로운 생명을 형성해 가는 연속성을 중시한다. 그래서 자연 자체를 하나의 자기 조절, 자기 조직, 자기 운동의 능력을 갖춘 거대한 초생명체(超生命體)로 인식한다. 즉 범심론적(汎心論的)[12] 생기론(生氣論)[13]을 보인다. 그리고 동양에서는 생명과 마음을 동일시한다. 즉 생의(生意)에서 생은 생명을, 의는 마음〔心〕을 나타낸다.

12 범심론 | 모든 물질이 살아 있다고 주장할 뿐만 아니라, 나아가 우주만물에는 정신(마음)이 있다고 보는 학설.
13 생기론 | 생명 현상의 발현은 비물질적인 생명력이나 자연법칙으로 파악할 수 없는 원리에 의해 지배되고 있다는 이론.

천문학자, 우주에서 붓다를 찾다

참찬화육이나 평등사상은 자연을 유위적으로 가꾸고 보호하는 것이 아니라 자연을 '자연 그대로 두는 것'이다. 어느 곳에서나 인간의 손이 가는 한 즉 유위적 행이 미치는 한 인간의 강한 집착심 때문에 파멸이 초래된다는 것을 인간 역사에서 잘 보여주고 있다.

자연은 자체가 조화로운 동적인 유기적 관계를 지니고 있다. 따라서 어느 곳에 변화가 생기면 이것이 다른 곳에 영향을 미쳐 언젠가는 전체적으로 유기적 질서체계에 변화가 일어나게 된다. 그러므로 자연의 일부분이라도 인간 마음대로 바꾸는 것은 결국 자연 자체의 체계적 변화를 초래하게 된다. 이것이 인간에게 유용하기보다는 대체로 인간이 적응해온 환경을 변화시키거나 파괴시키는 방향으로 진행해 온 것이 사실이다.

② 브루노의 생명관

신부이면서 철학자인 브루노(Giordano Bruno, 1548~1600)는 코페르니쿠스의 지동설을 지지한 죄로 교회에서 이단자로 몰렸다. 그는 태양과 같은 별이 무수히 많으며, 지구 밖에도 지구와 같은 행성이 무수히 많고, 생명체는 지구에만 국한되는 것이 아니라 다른 외계에도 무수히 존재한다고 주장했다. 당시에 이런 사상은 유일신인 하느님이 인간과 세상을 창조했으며 지구가 우주의 중심이라는 천동설을 믿던 기독교 사상에 위배되는 것이었다.

그는 특히 『원인과 원리와 일자』란 저서에서 우주 내 만물이 유형을 가진다면 그것은 영혼에 의해 형상을 가지며 그런 형상을 가진 물체는 생명이 존재한다는 유기체적 무한성의 우주론을 주장했다.[14]

14 『무한자와 우주와 세계 외』 | 조르다노 브루노 지음 · 강영계 옮김, 한길사, 2000, 329~338쪽.

유일신을 신봉하는 당시로서는 브루노의 사상은 가히 코페르니

쿠스적 혁명이었다. 외국을 떠돌며 자기의 혁신적 사상을 폈던 그는 이탈리아에서 체포되어 1600년 2월 8일에 많은 사람들이 지켜보는 가운데서 화형을 당했다. 교회로부터 천동설의 지지를 강요당했던 물리학자 갈릴레이 갈릴레오와는 달리 브루노는 진리를 위해 생명을 바친 것이다.

③ 화이트헤드의 생명관

영국의 물리학자이면서 철학자인 화이트헤드는 우주 생명에서는 정신과 물질이 하나로 되어 있으며, 그 형태와 실체는 이 우주의 근원적 에너지 즉 우주 생명의 표현이라고 했다. 우주의 근원적 생명은 항상 창조하려는 의지(생의)이며, 이러한 의지는 모든 물체, 생물체, 천체에 내재되어 있으며 유기적으로 작용하고 있다고 주장했다.

그리고 생명이란 물질을 더욱 고도로 조직화하는 의지이며, 힘이며, 고도의 통합력이며, 질서 형성의 능력으로 보았다. 이러한 능력은 물질 자체 속에 그 원천을 지니며, 다시 그 힘은 우주 그 자체에 기원하고 있다고 했다. 이러한 유기체 철학관에서는 의지, 상호작용, 생성(becoming) 등의 3가지 개념을 중심으로 하는 생명론이나 우주론을 철학적으로 해석한다.

그리고 원자나 분자와 같은 저차원의 유기체로부터 동물이나 식물 같은 생물로서의 유기체, 그리고 인간과 같은 지적(知的) 유기체에 이르기까지 자연은 계층적 질서를 유지하고 있다고 본다.[15]

④ 프리고진의 생명관

화학자인 일리야 프리고진(I. Prigogine)은 생명은 무생명의 자기조직화 과정의 요동(搖動)에서 자연스럽게 생긴다고 보았다. 생명

15 『열린 사고와 철학』화이트헤드 지음, 오영환·문창옥 옮김, 고려원, 1992, 173쪽.

천문학자, 우주에서 뭇다를 찾다

은 항상 요동하고 있으므로 항상 새로운 조합을 시도한다고 본다. 이런 조합은 성장하기도 하지만 퇴화하기도 하므로 생명의 진화는 필연이 아니라 확률적인 방법으로 표현되는 자연법칙으로 이해되어야 한다는 것이다.[16]

⑤ 가이아 이론

지구는 살아 있는 생명체이다. 땅 속에서 지열이 나오면서 땅이 융기, 침강하고 또 지판(地板)이 움직이면서 화산활동을 일으키고, 바닷속에서는 해류가 움직이고, 바닷물이 증발하여 비를 내리면 땅이 흡수하여 산천초목에 물을 주며 그리고 대기에는 거대한 대류운동이 일어나 기후를 변화시킨다. 땅, 바다, 대기 이들 모두는 서로 에너지로 연결되어 있는 살아 있는 지구를 이루고 있는 것이다. 이에 따라 지상이나 바닷속에 있는 생물들이 모두 함께 생멸을 지속하고 있는 것이다. 이것이 러버록(J. E. Lovelock)의 가이아 이론이다.[17] 가이아(Gaia)는 희랍 신화에 나오는 대지의 어머니다.

16 『혼돈으로부터의 질서』
| 일리야 프리고진 · 이사벨 스텐저스 지음, 신국조 옮김, 고려원미디어, 1994.
17 『가이아』 | J. E. 러브록 · 홍욱희 옮김, 범양사출판부, 1996.

4. 별의 세계가 보이는 불법

(1) 별은 탐진치가 없다

별과 별 사이에 있는 물질을 성간 물질이라 한다. 이것은 90%의 가스(수소 가스가 약 75%, 헬륨 가스가 약 23%, 헬륨보다 무거운 물질이 약 2%)와 약 10%의 티끌로 이루어졌다. 〈그림1〉은 짙은 성간 물질이 모여 있기 때문에 뒤에서 오는 별빛을 차단하여 검게 보이는 암흑 성운을 이룬다. 이런 거대한 성운이 중력적으로 수축하면서 국부적으로 밀도가 큰 영역에서는 급격한 중력붕괴(重力崩壞)[1]가 일어나면서 빛을 내는 별들이 탄생된다. 성운의 평균 온도는 영하 250도 정도로 아주 낮으며, 그리고 강력한 우주선(宇宙線)[2]이 지나 다니는 열악한 상태에서 별들이 집단으로 탄생되는 것이 보통이다.

중력붕괴는 빠른 중력수축에 따른 중력 에너지 양(量)의 급격한

1 중력붕괴 | 아래에서 위로 미치는 압력보다 훨씬 더 큰 인력으로 아래로 떨어지는 것을 말한다. 마치 지상에서 돌이 떨어질 때처럼 매우 빠른 속도로 낙하하는 것을 뜻한다. 이런 중력붕괴가 없다면 별은 형성되지 않는다.
2 우주선 | 양성자나 헬륨핵과 같은 높은 에너지를 가진 입자의 흐름.

천문학자, 우주에서 붓다를 찾다

【그림1】 암흑 성운 | 오리온자리에 있는 암흑 성운으로 그 모양은 말머리와 비슷하다.

증가에 의해 빛을 내지 못하는 물질을 빛을 내는 물질로 질(質)의 변화를 유발한다. 그래서 어두운 암흑 성운이라는 기존의 질서가 사라지고 빛을 내는 별이라는 새로운 질서가 창출(創出)된다. 만약 인간 사회에서 새로운 질서의 창출을 원한다면 반드시 중력붕괴와 같은 양에 의한 질의 변화를 일으키는 급격한 혼돈과정을 단기간 내에 거쳐야 한다. 이러한 과정은 매우 많은 에너지가 아주 짧은 기간 내에 투여될 수 있을 때만 가능하다. 만약 축적된 에너지가 적다든지 또는 에너지 투여 시간이 길면 기존의 질서를 바꿀 수 없다. 일반적으로 사회적 또는 정치적 혁명이나 개혁이란 매우 짧은 기간 내에 일어나는 급격한 혼돈과정의 결과이다. 만약 인적·물적 자원의 에너지 축적이 충분치 못하면, 아무리 기존의 질서를 바꾸려 해도 개혁이나 혁명은 이루어질 수 없다. 오히려 기존 질서의 혼란으로 사회적 불안만을 계속 조장할 뿐이다.

별의 탄생이 고통에서 시작되는 데 비해서 인간은 안정된 모태(母胎)에서 지내다가 탄생된다. 그런데 탄생된 별들은 처음 가지고 나온 물질이 바로 평생 동안 먹고 살아갈 수 있는 양식인데 비해서 인간은 빈손으로 나오므로 밖에서 양식을 구해야 한다. 그러므로 인간의 일생은 고통스러운데 비해 별은 일생의 80% 이상을 안정된 상태로 지내는 것이 특징이다.

평생의 양식을 가지고 나온 별은 탐할 것도 없으며, 남에게 화낼 것도 없고 또 어리석을 이유도 없다. 그래서 잘났다는 아상(我相)[3]도 없고, 누구보다 더 났다는 인상(人相)[4]도 없으며, 다른 무리들을 무조건 따라 다니는 중생상(衆生相)[5]도 없고, 또 별은 태어날 때 가지고 나오는 질량에 따라서 일생이 결정되고 또한 만들어 먹어야

[3] 아상 | 나에 대한 관념, 나를 내세우고 남을 업신여김.
[4] 인상 | 너와 나의 상대 관념, 남을 공경치 않음.
[5] 중생상 | 대중, 사회, 인류 등에 대한 관념. 주관 없이 대중심리에 무조건 따르는 것.

하는 음식의 메뉴가 결정되므로 오래 살고자 하는 수자상(壽者相)[6]도 없다. 남에게 아무런 피해도 주지 않고 살아가는 것이 별이다.

별에 비해서 인간은 편안하게 태어나지만 빈손으로 나와서 살아가는 과정은 매우 힘든다. 즉 갓난아이 때는 영양을 밖에서 얻는 것 이외는 별의 일생과 다를 바 없지만 성장하는 과정에서 외부 대상에 대한 집착심과 분별심에서 생기는 아상, 인상, 중생상, 수자상 등의 사상(四相)을 지니게 된다. 이런 삶의 과정에서는 삶의 올바른 존재가치를 추구하기보다는 남보다 더 많이 가지고 또 더 좋은 것을 가지고자 하는 소유욕에서 소유가치를 추구하게 되고 또 오래 살고자 하는 욕심 때문에 당연히 번뇌와 망상이 인간의 곁을 떠나지 않게 된다.

"음식에서 생물이 생겨났다. 땅에서 사는 생물들은 어떤 것이든 생겨나는 대로 음식에 의지해서 살아가니 다시 삶이 끝날 때 음식에 돌아가 잠기노라."

"음식은 모든 것을 받쳐주는 자, 비슈누의 육신이다.
숨[息]은 음식에서 나온 즙(핵심)이요,
마음은 숨에서 나온 즙(핵심)이며,
지혜는 마음에서 나온 즙(핵심)이요,
환희는 지혜에서 나온 즙(핵심)이로다."

"음식은 이 모든 세상의 원천이요,
음식의 원천은 시간이요,
시간의 원천은 태양이다."[7]

6 수자상 | 수명, 생명에 대한 관념. 오래 살고 싶은 욕망.
7 『우파니샤드 II』 | 이재숙 옮김, 한길사, 1997, '마이뜨리 우파니샤드', 792쪽.

빈손으로 태어난 인간의 삶에서 음식이 얼마나 중요한가를 보이고 있다. 음식에서 모든 생물이 생겨났고, 음식이 끝날 때 다시 새로운 음식으로 돌아가 잠긴다는 것이다. 즉 죽음은 새로운 음식의 근거를 만든다. 그리고 우리는 음식 때문에 숨을 쉬고, 숨을 쉬기에 마음이 생기며 또 지혜와 환희가 나온다. 이런 음식은 매일 뜨고 지는 태양의 빛이 없다면 존재할 수 없다.

사리뿟다는 "어떤 한 가지 법을 최상의 지혜로 알아야 합니까? 모든 중생들은 음식으로 생존한다는 것입니다. 이 한 가지 법이 최상의 지혜로 알아야 합니다."[8]라고 했다. 이것은 음식을 통한 연기 관계의 중요성을 말하고 있다. 인간이 가지는 최상의 지혜도 결국에는 음식의 취착에 걸린다. 이처럼 별과 달리 인간에게는 음식이 없다면 한시라도 생존할 수 없는 존재이다. 그리고 모든 번뇌의 씨앗인 탐진치도 궁극적으로는 이 음식 때문에 생기는 것이다.

인간은 어떻게 음식을 얻고 또 어떻게 음식을 나누는가에 대한 올바른 지혜가 있다면 우리는 인간답게 산다고 말할 수 있다. 그렇지 못하면 음식 때문에 싸우는 축생들과 다를 바 없다. 사실 오늘날 자본주의라는 것도 따지고 보면 음식의 경쟁적 싸움으로 볼 수 있다. 음식이란 꼭 입으로 들어가는 것만이 아니라 입으로 들어가는 전체 과정에 관련되는 것이다. 그러므로 음식을 올바르게 취하는 지혜가 없다면 우리는 번뇌 망상에서 헤어날 수 없으며, 이것이 바로 아비규환(阿鼻叫喚)의 지옥이 된다.

8 『디가 니까야』, 각묵스님, 초기불전연구원, 2006, 제3권, (D34), 472쪽.

흔히 하늘에서 빛을 내고 있는 별이 영구히 계속된다고 생각하기 쉽지만 별도 인간처럼 태어나 살다가 죽는 일생을 살아간다. 인간

천문학자, 우주에서 붓다를 찾다

은 자라면서 자신에 대한 집착심인 아집(我執)[9]과 외부 대상에 대한 집착심인 법집(法執)[10]이 생긴다. 그러나 별들은 애초부터 욕심을 내고, 화를 내며, 어리석은 탐진치의 삼독이 없으므로 아집과 법집도 없이 청정한 마음만을 지닐 뿐이다. 실은 마음이라는 것 자체도 느끼지 못한다. 그러므로 별의 삶은 그 자체가 불법이고 그 자신이 법신(法身)[11]인 것이다.

인간이 100년을 산다면 하루살이는 2, 3일 살다가 죽는다. 하루살이는 인간 수명의 약 1만분의 1에 해당한다. 태양과 같은 별은 100억 년 이상을 산다. 만약 태양의 일생을 100년으로 잡는다면, 인간의 수명은 태양의 1억분의 1로서 약 5분 정도 살다가 죽는 셈이다. 별에 비하면 인간의 일생은 하루살이만도 못한 찰나에 지나지 않는다. 그런데도 인간이 우주의 주인이고 만물의 영장이라고 거만을 떨면서 자연을 마구 정복하고 파괴할 수 있단 말인가? 이러한 인간의 잔혹한 놀이도 우주적 견지에서 보면 찰나적이고 지극히 좁은 국소적이다. 그러나 이런 놀이도 지상에서 인류의 보존에 대한 위협에는 치명적이므로 자연의 그림을 마구 바꾸며 다시 그리고 있는 현대 물질문명은 탐욕스러운 신비적 환상에서 빨리 깨어나야 한다. 이를 위해서 현대인은 불교를 조금이라도 이해하는 것이 필수적이다.

미국의 물리학자 카프라(F. Capra)는 "자연에서 과학자가 관찰하는 모형은 그 개념, 사상 및 가치 같은 그의 마음의 모형과 밀접하게 연결되어 있다. 그래서 그가 얻은 과학적 결과와 조사하는 기술적 적용은 그의 마음의 상태에서 좌우된다. 따라서 과학자는 그들의 연구에 대해 지적으로, 또는 윤리적 책임도 갖고 있는 것이다."[12] 라고 했다.

과학문명을 발전시키는 현대 과학자의 마음이 자연의 섭리를 얼마나 잘 따라야 하는가를 보이는 이야기다. 오늘날 과학자들은 연구비를 지원하는 자들의 의도와 무관하게 과연 올바른 과학적 행위를 수행하며 또한 결과에 대한 윤리적 책임을 지고 있는가? 그리고 과학자의 마음에 초생명적 유기체로서의 우주관이 확립되어 있는가?

일반적으로 과학자는 진리탐구라는 명목에서 강한 집착심과 경쟁심 및 이기심을 지닌다. 소위 자기의 창조적 능력을 과신하는 욕망에 치우쳐 있기 때문에 결코 마음을 잘 다스리는 현자(賢者)가 되기는 어렵다. 그러므로 과학자는 가끔 편협한 아집으로 물질문명의 방향을 잘 못 바꿀 수 있는 위험성을 지니고 있다.

(2) 불안정의 무위적 극복

별이 처음 태어날 때 높은 밀도를 가진 별의 중심부에서는 천만도 이상의 고온으로 수소핵 융합이 발생한다. 그때 나오는 핵에너지가 밖으로 방출하면서 빛을 내는 별이 된다. 이때 그 별 주위에 남아 있는 성간 물질은 강한 빛에 밀려 밖으로 밀려 나가며 흩어진다. 이 과정은 별의 초기 단계로서 역학적으로 불안정하다. 그래서 빛의 밝기가 밝았다가 어두워지는 변광(變光)을 일으키기도 한다. 이런 변광 상태는 별이 안정을 찾아가는 한 과정이다. 〈그림2〉에서 보이는 것은 오리온자리에 있는 갓 태어난 별들의 모습이다. 별 주위가 어둡게 보이는 것은 남아 있는 짙은 성간 물질이 밖으로 나오

12 『새로운 과학과 문명의 전환』| F. 카프라 지음, 이성범·구윤서 옮김, 범양사 출판부, 1997, 83쪽.

천문학자, 우주에서 붓다를 찾다

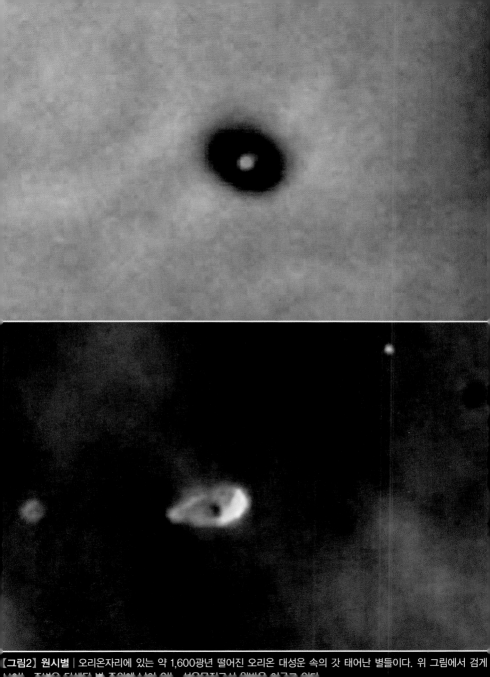

【그림2】 원시별 | 오리온자리에 있는 약 1,600광년 떨어진 오리온 대성운 속의 갓 태어난 별들이다. 위 그림에서 검게

는 빛을 차단하기 때문이다.

별은 거대한 원시 성운에서 집단으로 탄생한다. 이들 별은 주변에 남아 있는 성운 가스에 강한 빛을 쪼여서 가스 자체가 빛을 내게 하므로 〈그림3〉과 같은 밝은 발광 성운을 이룬다. 독수리성운의 중심부에는 3개의 검은 기둥이 보이는데 이것은 거대한 암흑 성운이다. 독수리성운과 장미성운의 중심부에는 태어난 지 얼마 안 되는 밝은 성단이 있다. 삼렬성운에서 푸르게 보이는 지역에는 많은 티끌이 남아 있어 이들이 빛을 반사하기 때문에 생기는 현상이다.

유아기를 지나면 별은 수소를 태워서 빛을 내면서 비교적 안정된 상태로 일생의 대부분을 지낸다. 수소 양식이 소진되면 수소가 타고남은 헬륨핵을 태워서 빛을 내는 헬륨핵 융합반응이 일어난다. 이 단계의 기간은 비교적 짧고 불안정하며 변광작용을 일으키면서 노년기로 접어든다. 인간과 달리 별의 경우는 불안정하면 별 자체가 수축, 팽창하는 맥동 변광을 일으키면서 〈그림4〉처럼 물질을 밖으로 방출한다. 이런 현상은 불안정한 상태에서 안정된 상태로 진행해 가는 진화의 보편적 과정이다.

불교에서 마음을 비움으로써 무심(無心), 무념(無念)[13] 상태에 이른다는 것이 별의 경우는 밖으로 자신의 물질을 방출해 버림으로써 안정을 찾는 것에 해당한다.

별은 노년기를 지날 때 팽창하면서 표면 온도가 낮아져 붉게 보이는 거성이 된다. 이런 현상은 사람도 나이가 들어 늙어가면서 피부 색깔이 변하는 것에 해당한다. 임종에 가까운 쇠퇴기에 들면 별

13 무심과 무념 | 무심은 집착이 없는 마음이고, 무념은 집착하는 생각이 없는 마음이다. 심(心)이 마음의 근본이라면 염(念)은 마음의 작용이다.

천문학자가 본 우주심과 화엄세계

독수리성운

3개의 가스기둥

【그림3-1】 발광 성운 | 독수리 모습을 한 독수리성운의 중심부에는 밝은 성단이 있고 그
리고 3개의 검은 성운 기둥이 보인다. 앞으로 여기서 별들이 탄생할 것이다.

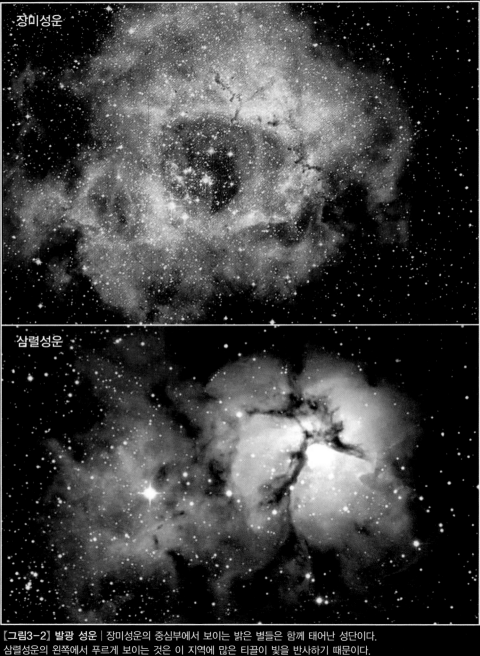

장미성운

삼렬성운

【그림3-2】 발광 성운 | 장미성운의 중심부에서 보이는 밝은 별들은 함께 태어난 성단이다.
삼렬성운의 왼쪽에서 푸르게 보이는 것은 이 지역에 많은 티끌이 빛을 반사하기 때문이다.

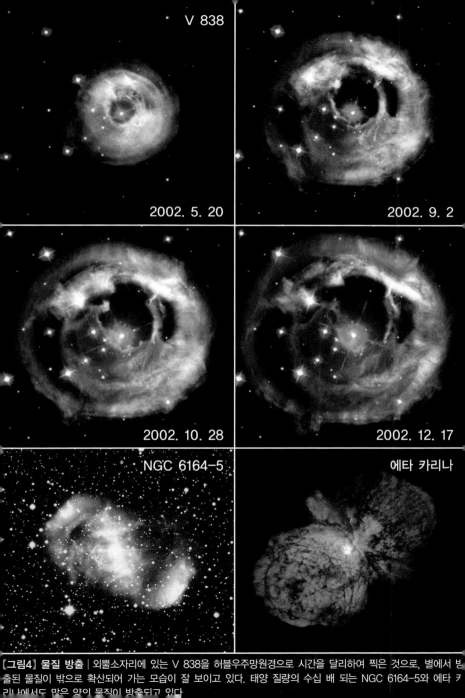

V 838

2002. 5. 20

2002. 9. 2

2002. 10. 28

2002. 12. 17

NGC 6164-5

에타 카리나

【그림4】 물질 방출 | 외뿔소자리에 있는 V 838을 허블우주망원경으로 시간을 달리하여 찍은 것으로, 별에서 방출된 물질이 밖으로 확산되어 가는 모습이 잘 보이고 있다. 태양 질량의 수십 배 되는 NGC 6164-5와 에타 카리나에서도 많은 양이 물질이 방출되고 있다.

은 매우 불안정해지면서 많은 물질을 방출한다. 이때 대부분의 물질은 별의 중심부에 모이고 나머지 물질이 별의 넓은 외각을 이루며 초거성이 된다.

태양도 약 50억 년 후 이런 쇠퇴기에 이르면 크기가 금성 궤도 가까이까지 팽창하는 초거성이 될 것이며, 이때는 태양의 강한 빛과 태양풍(태양에서 흘러나오는 입자의 흐름)이 지구를 덮치므로 지상의 생물은 존재하지 못하고 종말을 맞게 될 것이다.

(3) 죽음과 탄생의 씨앗

별은 쇠퇴기를 지나 임종을 맞게 되면 매우 불안정해져서 대부분의 물질을 밖으로 방출하며, 중심부에 초고밀도의 천체를 남기게 된다. 예를 들어 질량이 태양의 수배 이하인 별은 임종 때 물질 방출로 주위에 〈그림5〉처럼 고리 모양의 행성상 성운을 만들고, 중심부에 백색왜성(밀도는 각설탕 크기의 질량이 수십 톤이다)의 잔해를 남긴다.

태양도 50억 년 후쯤에는 백색왜성이 될 것이며, 이것은 수억 년 동안 빛을 내다가 암체가 되어 일생을 마칠 것이다. 그러면 더 이상 태양빛이 존재하지 않으므로 지구는 암흑세계를 맞이하게 될 것이다.

초기 질량이 태양의 약 5배 내지 10배 이하인 별은 급격히 물질을 방출하면서 중심부에 중성자별을 남긴다. 예를 들면 1054년에 중국에서 관측된 기록이 있는 약 7천 광년(光年)[14] 떨어진 게자리의 게성운의 중심부에 펄사(Pulsar)라 부르는 중성자(中性子) 별이 남

14 광년 | 빛이 광속(초속 30만km)으로 일년 동안 가는 거리로 약 10조km나 된다. 이것은 1초에 지구 주위를 2억 4천번 도는 거리에 해당한다.

천문학자가 본 우주심과 화엄세계

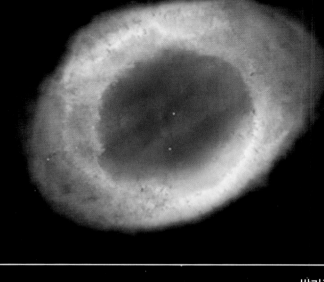

고리성운

쌍가락지성운

【그림5】 **행성상 성운** | 고리 모양을 한 고리성운과 쌍가락지성운의 모습. 이들은 가운데 있는 임종 직전의 별에서 방출된 물질에 의해 만들어진 것이며 이것은 매우 빠른 속도로 밖으로 퍼져나가고 있다.

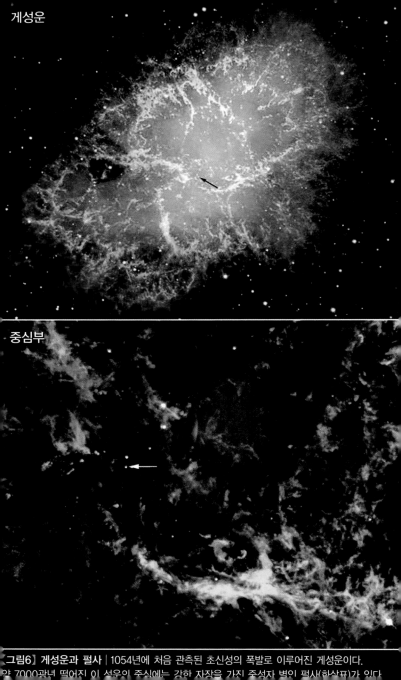

게성운

중심부

그림6] 게성운과 펄사 | 1054년에 처음 관측된 초신성의 폭발로 이루어진 게성운이다.
약 7000광년 떨어진 이 성운의 중심에는 강한 자장을 가진 중성자 별이 펄사(화살표)가 있다.

아 있다.(그림6) 이것은 1초에 3번씩 고속으로 회전하며 강한 자기장(磁氣場)을 가지는 중성자로 이루어진 천체이다.

초기 질량이 태양의 10배 이상인 아주 무거운 별은 임종 때 초신성으로 폭발하면서 수억 내지 수십 억 배나 급격히 밝아졌다가 서서히 감소한다.(그림7) 그리고 중심부에 블랙홀(밀도는 각설탕 크기의 질량이 수십 억 톤이다)을 남긴다. 이것은 워낙 강한 중력을 가지기 때문에 빛마저 빠져나오지 못한다. 그래서 외부에서 이 천체를 볼 수 없으므로 블랙홀(검은 구멍)이라 부르는 것이다.

별들이 죽어가면서 방출한 물질은 다음 세대의 별을 잉태시키는 씨앗이 된다. 예들 들어 〈그림8〉에서 보이는 초신성 폭발 때 방출된 물질이 사방으로 흩어져 나가 성간 물질을 이루고, 이것이 다른 별들에서 나온 물질과 합쳐져서 거대한 성운을 이루면 여기서 다시 별들이 탄생하는 것이다. 이런 현상은 지상에서도 생물체가 죽으면서 남긴 잔해에서 영양분을 공급함으로써 다음 세대의 생물이 생겨나는 것과 같다. 인간의 삶과 죽음도 예외는 아니다.

이처럼 별들이 일생을 마치면서 물질을 방출하고 죽는다는 것은 곧 열반에 든다는 것이다. 별들은 처음부터 번뇌 망상의 사상(四相)에 따른 염오의 마음이 없기 때문에 청정한 마음으로 살다가 일생을 마친다. 그리고 세대를 이어갈 수 있도록 물질을 방출함으로써 우주를 계속 빛나게 하는 것은 진정한 보살행이며 또한 죽음은 숭고한 무여열반(無餘涅槃)[15]인 것이다.

죽음은 의지의 소멸이고 무의미(無意味)의 극치를 나타낸다. 그

15 무여열반 | 진여가 생사의 고(苦)를 여윔. 사멸(死滅)하면서 생동심을 완전히 여의고 근본심이 발현하는 열반.

폭발전

폭발후

【그림7】 초신성 1987A│1987년 2월에 관측된 초신성이다. 이 별(화살표)은 약 17만 광년 떨어
진 대마젤란 은하 속에 있다가 폭발한 것이다. 실제로 이 별이 폭발한 것은 17만 년 전이다.

돛자리 초신성 잔해

백조자리 초신성 잔해

【그림8】 초신성의 잔해 | 돛자리 초신성과 백조자리 초신성에서 방출된 물질의 잔해

래서 흔히 죽음에 대한 사유(思惟)는 어떤 가치도 띠지 않는 것으로 취급된다. 그러나 별의 경우는 죽음이 다음 생의 탄생의 씨앗으로 제공된다. 그래서 별의 죽음은 무한한 가치를 발휘하며 우주 등불의 기름 역할을 한다.

인간의 경우나 동물, 식물의 죽음도 실은 다음 생의 씨앗으로 제공되고 있다. 별처럼 직접적이지는 않아도 영양분을 제공할 수 있다는 점에서 그렇다. 따라서 죽음의 의미를 사유하지 않고는(즉 은적, 은폐, 숨음의 의미를 사유하지 않고는) 삶의 존재가치를 올바르게 알 수 없다.[16]

나이가 많이 들어 죽게 되면 죽음 자체의 본질보다 산 자는 죽는다는 단순한 소멸을 대상으로 느낄 뿐이다. 그런데 어린 나이 때 죽게 되면 생을 제대로 살지 못하고 떠나기 때문에 주변 사람들은 죽음보다 생(삶)의 의미를 더 깊이 생각하게 된다. 존재의 진리는 마치 어린 아이가 일찍 세상을 떠날 때처럼 산자가 느끼는 생사(生死)의 본질을 이해하고 숙고할 때 비로소 존재의 본질을 깊이 깨달을 수 있는 것이다. 여기서 무를 통하여 유의 참 진리를 사유하게 되는 것이다.

(4) 별의 세대순환

우주가 처음 탄생될 때 생긴 물질에서 첫 세대의 별들이 탄생된다. 이들 중에서 질량이 태양의 10배 이상 되는 무거운 별은 그 수명이 1억 년 보다 짧기 때문에 이들이 죽으면서 방출한 물질들이 모

16 『하이데거와 화엄의 사유』| 김형효, 청계, 2004, 269쪽.

천문학자가 본 우주심과 화엄세계

여 제2세대의 별들을 탄생시킨다. 이들 별들 중에서도 질량이 큰 별이 빨리 죽으면서 방출한 물질에서 제3세대의 별이 탄생된다. 이와 같은 방법으로 2천 억 개 이상의 별이 모인 우리 은하계에는 현재 제5세대의 별까지 존재한다. 〈그림9〉에서 구형의 모양을 가진 구상 성단은 제1세대 별의 집단이고, 일정한 모양이 없는 플레아데스 성단은 제5세대 별의 집단이다.

수천 억 개의 별들이 모인 다른 은하에서도 이와 같은 방법으로 여러 세대의 별들이 존재한다. 우리 은하계에서 태양은 제4세대의 별에 해당한다. 즉 태양은 제3세대 이상의 윗세대 별들에서 방출한 물질에서 탄생되었다. 그러므로 태양은 제1, 제2, 제3세대의 별들의 정보를 모두 간직하고 있는 셈이다.

별의 수명은 초기 질량이 클수록 급격히 줄어든다. 예를 들면 태양 질량의 10배인 무거운 별의 수명은 태양의 100분의 1로 짧고, 태양 질량의 10분의 1인 가벼운 별의 수명은 태양의 100배로 길다. 질량이 태양의 0.8배보다 작은 별들은 그 수명이 150억 년 이상이므로 제3세대 이상의 나이 많은 별 중에서 이런 작은 별들은 아직도 살아서 빛을 내고 있다.

별의 세대 순환을 활발히 일으키는 별들은 모두 질량이 큰 별들이다. 그리고 이들은 정상적으로 조용히 늙어가지 않고 불안정하게 빨리 늙어가면서 임종 순간에는 초신성으로 큰 폭발을 일으킨다. 이때 고온 고압 상태에서 철보다 무거운 원소들이 형성된다.

지상에 있는 원소들은 모두 별들로부터 온 것인데 특히 철보다 무거운 금, 백금, 은, 구리, 아연, 주석, 텅스텐, 수은, 납, 우라늄,

M80

플레아데스

【그림9】 성단 | 구형의 모양을 한 구상 성단(M80)은 나이가 약 140억년 되는 제1세대 별들이며,
일정한 모양이 없는 플레아데스 산개 성단은 나이가 약 7천만 년의 제5세대 별들이다.

플루토늄 등등은 무거운 초신성이 폭발할 때 만들어진 것이다. 우리 몸을 이루는 모든 원소도 별로부터 온 것이다. 그리고 결혼식 때 서로 나누는 예물로 금반지를 주고받는데 실은 우리 조상별의 잔해를 주고받는 것이므로 항상 별들에게 감사해야 한다.

(5) 인간의 출현과 우주심

태양과 그 주위를 도는 행성, 행성 주위를 도는 위성, 태양 가까이 오면서 긴 꼬리를 내는 혜성 등은 태양계를 이루고 있다. 이들은 제3세대 이상의 윗세대 별들이 방출한 물질로 이루어진 원시 태양계 성운에서 만들어졌다.

그럼 우리 인간은 어디서 왔는가? 원시 태양계 물질에 들어 있는 생명의 씨앗으로부터 인간이 탄생되었다고 본다. 성간 물질에서는 생명 합성에 중요한 유기 화합물질이 많이 발견되며, 또한 지상에 떨어진 석질운석에서도 아미노산과 같은 유기 화합물이 발견된다. 그리고 긴 꼬리를 내면서 태양 주위를 지나가는 혜성에서도 역시 유기 화합물이 많이 발견된다.(그림10)

처음 지구가 형성될 때는 크기가 수 센티미터에서 수십 미터에 이르는 작은 미행성(微行星)들이 충돌하고 결합하는 과정을 거치면서 지구가 성장했다. 이때는 심한 충돌로 생긴 열 때문에 물질이 거의 용융 상태로 되어 철이나 니켈 같은 무거운 물질은 지구 중심부로 들어가고 가벼운 암석질 성분은 표면층으로 분리되었다. 따라서 이 당시에 설령 원시 물질 속에 생명의 씨앗인 유기 화합물이 존

[그림10] 혜성 | 태양 가까이 오면서 긴 꼬리를 내는 혜성은 주로 더러운 얼음덩어리로 이루어졌다. 1986년 3월 8일에
관측된 핼리 혜성과 1997년 3월 17일에 관측된 헤일-밥 혜성에서 푸르게 보이는 꼬리는 가스로 이루어진 꼬리이고, 넓
게 퍼진 꼬리는 주로 먼지로 이루어진 먼지 꼬리이다.

재했더라도 아주 높은 열 때문에 모두 타버리게 된다. 그리고 지상에 물이 존재하더라도 역시 높은 열 때문에 모두 증발했을 것이다.[17]

미행성들의 결합으로 지구의 모습이 갖추어진 것은 초기 수억 년 내에 이루어졌다. 이후에 미행성의 잔해로 무수히 많이 남아있던 혜성이 지구와 충돌하면서 많은 양의 물과 생명의 씨앗을 전해주었을 것이다. 혜성 질량의 80% 이상은 물이 언 얼음이기 때문에 현재 지상의 많은 물은 잦은 혜성 충돌에서 공급된 것으로 본다.[18]

물과 유기 화합물 그리고 적당한 열이 가해지면서 약 36억 년 전에 처음으로 무핵 단세포 생명체가 탄생되었다.(그림11) 이로부터 긴 진화의 과정을 거쳐 현재 우리가 있는 것이다. 그러므로 우리 몸 속에는 46억 년이란 긴 세월 동안 여러 종류의 조상들이 지은 온갖 업식(業識)[19]이 들어 있으며, 또한 지구가 탄생되던 원시 태양계 물질을 만들어 낸 약 100억 년에 걸치는 조상 별들의 정보도 우리 몸 속에 들어 있다. 특히 후자의 정보는 별의 진화에 따른 화학적 정보 외에 우주 물질의 생의를 나타내는 우주심이라고 볼 수 있다. 이것이 바로 물질의 속성으로서 우리 몸 속에 청정한 근본심으로 들어 있는 것이다.

이 우주심은 유물론적(唯物論的)이나 유심론적(唯心論的)이 아닌 지상의 모든 종교를 초월한 일종의 우주적 신앙의 대상으로 모든 존재의 본원(本源)이다.

17 『태양계 천문학』 | 이시우·안병호, 서울대학교 출판부, 1997, 511쪽.
18 『천문학자와 붓다의 대화』 | 이시우, 종이거울, 2004, 314쪽.
19 업식 | 몸과 말, 뜻으로 짓는 식(마음 작용).

【그림11】스트로마토라이트와 유기체 화석 | 약 36억년 된 것으로 추정되는 최초의 원시 생명체가 스트로마토라이트(윗그림)에서 발견되었다. 중간 그림은 유기체의 실제 모습이고, 아래 그림은 유기체의 모양을 다시 자세히 묘사한 것이다.

불교는 왜 천문관측을 하지 않았는가?

『열반경』에서 "허공의 별들을 쳐다보지도 말아야 할 거니와…"[20] 또는 "선남자야, 어찌하여 혜성과 같다 하는가. 마치 혜성이 나타나면 천하의 모든 백성들이 흉년과 병에 쪼들리며 모든 고통에 얽히나니…"[21] 라고 했다.

하늘의 천체에 대한 지식이 없었던 옛날에 별들은 밤낮으로 나타났다 사라지는 허무한 대상이며, 머리카락을 길게 흩트려 놓은 것 같은 모습을 한 혜성은 불길한 징조의 상징으로 여겨졌다. 그러나 관측으로 천문학적 사실들이 알려지면서 별들도 우리처럼 살아가는 생명체이고, 혜성도 태양계의 한 구성원으로 지구에 많은 물과 생명의 씨앗을 뿌려준 고마운 천체라는 것이 알려졌다.

그러나 어쩌면 『열반경』에 나오는 것과 같은 이야기들 때문에 불교는 옛날부터 천문관측과 멀어졌는지도 모른다. 물론 불교가 지나치게 유심(唯心) 쪽으로 편향된 경향도 있지만. 그래서 기독교와 달리 불교에서는 별을 관측하고 연구하는 관심이 전연 없었던 것 같다. 스님들이 우주의 화엄세계를 논하면서도 우주나 별의 실제적 관측에 관심이 없었다는 것은 우주를 오직 관념적으로만 생각하고 또 별을 허깨비로 간주한 데서 비롯된 것은 아닌지?

만물은 본래 자성이 없다는 무자성 때문에 만물을 허깨비로 볼 수도 있다. 그러나 그 허깨비의 본성이 무엇인가를 알고 싶은 욕망은 왜 갖지 못하는가? 하늘의 별들처럼 물질(物質)을 등한시 하는 잘못된 불교사상이 물질로 이루어진 세상의 진실을 알고자 하는 욕망을 잠재워 오면서 유심으로만 치중해 온 것이 사실이다. 물질을 떠나면 하루도 살 수 없는데 어찌하여 물질을 잘 모르면서 물질을 허깨비로만 보려고 하는가? 만물의 조화는 바로 이 물질에서 나오는 것인데! 그래서 화엄세계에서는 물질의 세계를 이사무애법계와 사사무애법계라고 하는 것이다.

붓다께서 밝은 명성(明星)을 보고 깨달음을 얻은 것도 바로 그 대상이 물질이다. 이런 깨달음은 곧 광활한 우주에서 물질로 이루어진 화엄의 세계를 깨달았다는 뜻이다. 이러한 우주적 질서에 대한 사유의 중요성은 임마뉴엘 칸트(I. Kant, 1724~1796)의 『실천이성비판』의 마지막에 나오는 다음 글에서도 읽을 수 있다.

"조용하게 깊이 생각하면 생각할수록 더욱더 언제나 새롭고 그리고 고조되

20 『열반경』| 이운허 옮김, 동국역경원, 2004, 254쪽.
21 『열반경』| 이운허 옮김, 동국역경원, 2004, 283쪽.

는 감탄과 숭엄한 감정으로 마음을 채우는 것이 둘 있다. 그것은 내 위에 있는 별이 빛나는 하늘과 내 안에 있는 도덕률이다."
인간의 윤리는 하늘의 법이며 천연(天然)의 도리임을 올바르게 알고자 하면 하늘의 별들의 세계에서 펼쳐지는 조화의 섭리 즉 광활한 화엄세계를 알아야 한다. 왜냐하면 우리 인간은 우주의 섭리에 따라 진화해 왔고 또 이 섭리에 따라 진화해 가고 있기 때문이다. 즉 우주는 나이지만 나는 우주가 아니다.

(6) 티끌의 화엄세계

의상(義湘, 625~702)대사의 법성게 중에 "일미진중함시방(一微塵中含十方)"이란 말이 나온다. 이것은 "작은 한 먼지 속에 우주가 들어 있다."는 것이다. 그러면 이것은 과연 무슨 뜻인가?

우리는 자고 일어나 방을 쓸면 먼지를 보게 된다. 먼지는 덮고 잔 요에서 나오기도 하고 또 자신의 몸에서 떨어져 나온 것일 수도 있다. 어쨌든 이 먼지는 긴 역사를 가진다. 만약 내 몸에서 나온 것이라면 새로운 살갗이 나오면서 죽은 것을 밀어 낸 것이다. 그렇다면 이 살갗 먼지는 나라는 정체성을 지닐 것이며 또한 나의 먼 조상들의 유전적 정보를 지니게 된다. 더 나아가 옛 조상들을 있게 한 지구의 생명의 기원을 넘어서 먼 조상 별들의 정보도 내포하게 된다. 결국 이 작은 먼지 속에는 조상을 비롯한 우주 정보가 누적되어 있는 것이다.

쉽게 말하면 먼지의 구성 성분은 조상 별들로부터 기원하며 그리고 인간 조상의 DNA라는 유전 정보도 지니게 된다는 것이다. 그러니 하나의 먼지는 우주를 포함한다고 말할 수 있다. 이와 같은 '일

천문학자, 우주에서 붓다를 찾다

중일체 일체중일'(一中一切 一切中一 : 하나 속에 전체 있고, 전체 속에 하나 있다)이라는 상입(相入)관계는 화엄세계의 특징이다.

『화엄경』의 「광명각품」에서 "하나 가운데서 한량없음을 알고, 한량없는 가운데서 하나를 알아 그것이 서로 함께 일어남을 알면 마땅히 두려울 바 없음을 이루리라."[22]라고 했다. 즉 일즉일체 일체즉일(一卽一切 一切卽一 : 하나가 전체이고, 전체가 하나이다)인 상즉상입(相卽相入)[23]의 관계인 것이다.

우리는 먼지를 귀찮아한다. 그런데 이것은 우주에서 매우 중요한 역할을 한다. 만약 먼지가 없다면 별은 탄생되지 않는다. 우주 공간에서 먼지의 크기는 수만분의 1센티미터 이하로 매우 작다. 그런데 이런 작은 크기에도 불구하고 먼지는 전기적으로 극성(極性)을 띤다. 즉 먼지의 한 쪽이 +극이면 다른 쪽은 -극이다. 그래서 먼지들은 전기적으로 서로 결합이 용이하다. 이런 과정을 거치면서 먼지는 먼지뿐만 아니라 수소분자들의 결합 매개체가 되어 초기에 수소 가스를 응집시키는데 매우 중요한 역할을 한다. 별들 사이에 있는 성간 물질 중에서 먼지의 양은 10%이하로 적지만 이들이 별의 형성에 기여하는 바는 매우 크다는 것을 알 수 있다.

(7) 성단의 연기적 삶

별들은 집단으로 탄생된다. 큰 집단은 수백만 개의 별들을 포함하며, 작은 것은 수십 개 정도를 포함한다. 처음 탄생된 집단 내의 별들은 각기 고유한 정체성을 지닌다. 집단 내에서 별들은 서로 인

22 『화엄경』 | 무비 편찬, 민족사, 2004, 「광명각품」, 248쪽.
23 상즉상입(相卽相入) | 서로 포섭하여 하나로 융합되는 것.

력을 미치면서 역학적 에너지를 주고받는 역동적인 연기관계가 일어난다. 큰 별은 주로 작은 별에 큰 인력을 미쳐서 운동 속도를 증가시키므로 외각으로 나가며, 반대로 큰 별은 역학적 에너지를 잃기 때문에 속도가 줄어들면서 성단의 중앙 쪽으로 모여든다.

이러한 에너지의 수수관계를 통해서 모든 별들의 총 에너지가 비슷해지는 에너지 등분배(等分配)가 일어나면서 성단은 역학적 평형상태로 이완된다. 즉 초기 별들의 정체성이 사라지면서 무질서가 최대에 이른다. 이런 상태는 엔트로피[24]의 증가가 최대에 이르는 이완상태로서 개체의 특성은 성단 전체의 특성에 의해 결정된다.

성단의 이완상태는 원융무애한 상즉상입(쌍차쌍조)[25] 상태로서 개체를 보면 전체를 알 수 있고(一卽多), 전체를 보면 개체를 알 수 있다.(多卽一) 이런 상태는 성단 전체가 열반에 든 화엄세계로 이사무애와 사사무애가 모두 성립한다. 즉 사(事-현상, 사물)는 이(理-이치, 진리)를 잘 따라 걸림이 없고, 사와 사는 서로 조화로운 연기관계로 평등한 보편성을 띠며 걸림이 없다는 것이다. 이와 같은 화엄세계를 잘 표현한 것이 바로 의상대사의 법성게[26]이다. 그 일부를 보면 아래와 같다.

> 일중일체다중일(一中一切多中一) : 하나 속에 일체 있고, 일체 속에 하나 있어
>
> 일즉일체다즉일(一卽一體多卽一) : 하나가 곧 일체이고, 일체가 곧 하나이다.
>
> 일미진중함시방(一微塵中含十方) : 한 개의 티끌 중에 우주가 포함되니

24 엔트로피(entropy) | 석탄을 사용하면 쓸 수 없는 재로 남는 것처럼 유용한 것을 사용하여 무용한 것으로 될 때 엔트로피가 증가한다고 한다. 즉 무질서가 증가하거나, 또는 잃어버리는 정보가 증가할 때 엔트로피가 증가한다고 한다. 자연은 엔트로피가 최대에 이르는 방향으로 진화한다.
25 쌍차쌍조(雙遮雙照) | 양쪽의 상대 모순을 버리고 양쪽을 원융하는 것.
26 『일승법계도합시일인』| 의상 지음·김지견 옮김, 초롱, 1997, 16쪽.

천문학자, 우주에서 붓다를 찾다

일체진중역여시(一切塵中亦如是) : 일체의 티끌 중에서도 또

　　　　　　　　　　　　　　　한 그와 같다.

무량원겁즉일념(無量遠劫卽一念) : 무한히 긴 한 겁이 한 찰나

　　　　　　　　　　　　　　　이고

일념즉시무량겁(一念卽是無量劫) : 한 찰나가 다름 아닌 무한

　　　　　　　　　　　　　　　겁이다.

　이완된 성단에서는 무거운 별은 성단의 중앙부에 몰리고, 가벼운 별은 성단의 외각에 주로 분포한다. 이때 중앙의 무거운 별들은 성단 전체를 구속하여 안정된 상태를 유지하도록 하고, 가벼운 별은 외각으로 돌아다니면서 성단의 붕괴를 막는다. 이러한 자연의 조화가 일어나는 곳이 바로 화엄세계이다.

　일반적으로 성단의 구성원이 많으면 역학적으로 더 안정하다. 그래서 이완시간(弛緩時間)도 길어진다. 이완시간은 집단이 불안정한 상태에서 다시 안정된 상태로 돌아오는데 걸리는 시간이다. 이완시간이 짧을수록 외부 충격에 대해서 쉽게 불안정해지며, 이완시간이 길수록 외부 충격을 잘 견디므로 안정성이 잘 깨어지지 않는다.

　수백 만 개 이상의 별들로 이루어진 구형의 구상 성단의 이완시간은 수백 억 년으로 우주의 나이보다 길다. 반면에 밤하늘에 보이는 별들은 과거에 여러 작은 성단으로 태어났으나 이완시간이 매우 짧아서 외부 충격으로 쉽게 깨어져 별들이 흩어진 것으로 짐작된다. 이런 현상은 비단 자연계뿐만 아니라 인간 사회에서도 마찬가지로 일어난다. 붓다가 일찍이 상가(승단)를 중심으로 설하며 깨우치려고 한 것도 모두가 집단에 의한 안정성과 개체가 아니라 집단

전체의 깨달음을 바랐던 것이다.

성단의 연기적 삶의 특징 중 또 다른 하나는 성단 외각을 돌아다니던 작은 별들이 외부 천체의 인력으로 성단을 이탈할 때 큰 운동 에너지를 가지고 달아나므로 성단 전체는 에너지 손실로 불안정해진다. 그러면 성단은 이에 대처하기 위해 전체적으로 수축하면서 구속력을 증가시켜 새로운 안정된 상태를 찾아간다. 이것은 성단의 열반 상태가 깨어지면 새로운 열반 상태를 이루어 가는 모습을 보이는 것이다. 이처럼 집단의 열반 없이는 개체의 열반은 아무런 의미도 없다는 것을 알 수 있다. 왜냐하면 집단의 특성이 개체의 특성을 규정하는 것이지 개체가 집단의 특성을 규정할 수 없기 때문이다.

인간 사회에서 한 개체의 고유한 정체성에 따라 전체의 특성이 유의적(有意的)으로 규정될 때 이것을 독재(獨裁)라 한다. 이 경우는 지극히 불안정한 상태이다. 자연에서는 이런 현상이 결코 일어나지 않는다. 오늘날 우리 사회와 같이 이완시간이 매우 짧은 불안정한 환경에서는 제대로 깨달은 사람이 나오기가 용이하지 않으며, 또한 특출하게 깨쳤다는 사람들이 과연 사회 전체의 안정과 그리고 모두의 깨달음의 성취에 얼마나 기여해 왔으며 또 기여하고 있는지 깊이 생각해 보아야 할 것이다.

(8) 우주의 인드라망

① 은하의 분포

수천 억 개의 별들과 성간 물질로 구성된 집단을 은하라 부른

천문학자, 우주에서 붓다를 찾다

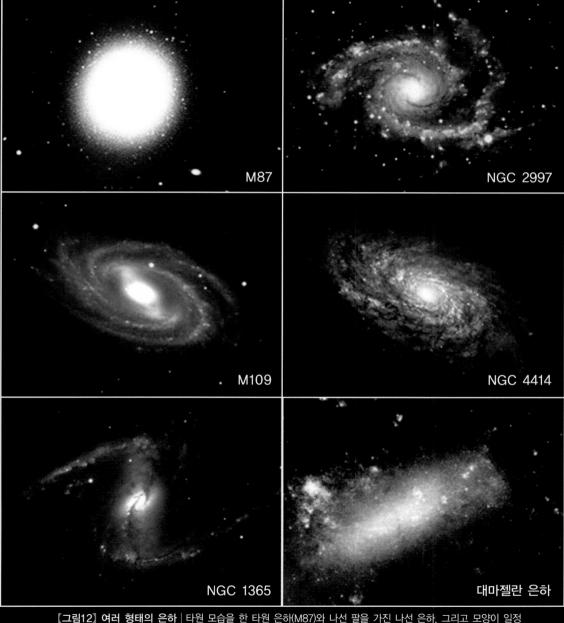

M87

NGC 2997

M109

NGC 4414

NGC 1365

대마젤란 은하

【그림12】 여러 형태의 은하 │ 타원 모습을 한 타원 은하(M87)와 나선 팔을 가진 나선 은하, 그리고 모양이 일정
한 양은 부그친 은하(대마젤란 은하)가 있다. 나선 팔은 주로 나이 어린 푸른 별들과 성간 물질로 이루어진다.

【그림13】 **안드로메다 은하** | 안드로메다 자리에 있는 나선 은하로서 약 230만 광년 떨어져 있다.
육안으로도 보이는 이 은하는 우리 은하계보다 더 크다.

다.(그림12) 우리 은하계처럼 나선 팔을 가진 나선 은하에는 태양 질량의 수십 배 되는 무거운 별에서부터 0.01배정도 되는 가장 작은 별에 이르기까지 다양한 별들이 분포한다. 그리고 성간 물질에서는 지금도 별이 탄생되고 있다. 둥근 모양을 한 타원 은하는 주로 태양 질량보다 작은 별들로 구성된 집단이다. 또한 우리에게 가장 가까운 은하로서 남반구에서 육안으로도 보이는 약 17만 광년 떨어진 대마젤란 은하처럼 일정한 모양이 없는 불규칙 은하도 있다.

수십 개의 은하 집단들이 모인 집단을 은하군(銀河群)이라 한다. 우리 은하계는 북반구에서 가을철에 육안으로 보이는 약 230만 광년 떨어진 안드로메다 은하와 남반구에서 육안으로 보이는 대마젤란 은하 및 소마젤란 은하 등 약 35개의 은하를 포함한 국부 은하군에 속해 있다.(그림13) 이 국부 은하군의 크기는 지름이 약 650만 광년이다.

수백 개의 은하단을 포함하는 집단을 은하단(銀河團)이라 한다.(그림14) 수백 개의 은하단들이 모인 집단을 초은하단(超銀河團)이라 하며, 국부 은하군이 속해 있는 국부 초은하단의 크기는 지름이 약 3,300만 광년이며 약 22,000개의 은하들이 포함되었다. 초은하단들이 모인 집단을 초초은하단이라 한다. 이처럼 우주에서 은하들은 군집 형성의 경향을 띠고 있다. 이런 현상은 집단이 클수록 역학적으로 더 안정하기 때문에 생기는 결과이다.

이러한 경향은 인간 사회에서도 마찬가지다. 인구가 많을수록 국가는 안정되며, 같은 부류의 집단은 함께 모여 있을수록 더욱 안정

【그림14】 은하단 | 처녀자리에 있는 처녀자리 은하단의 중앙부 모습(윗그림)과 약 80억 광년 떨어진 은하단의 모습이다.

하다. 집단이 흩어져 있으면 외부 영향으로 쉽게 불안정이 유발되어 그 집단이 오랫 동안 존속하기가 어려워진다. 대가족 사회보다 핵가족 사회가 불안정한 것도 당연한 이치다.

알려진 은하들을 거리와 위치에 따라 분포해 보면 균일하게 분포하지 않고 〈그림15〉처럼 그물 같은 모습을 보이며 중력적으로 서로 연결되어 있다. 이것이 소위 중력적 연결고리인 인드라망이다. 즉 인도 신화에 나타나는 힘의 상징인 인드라 왕의 궁전을 그물과 같은 장막으로 덮고 그물에 반짝이는 보석을 달아 서로 빛을 비추는 것을 인드라망이라 한다. 우주에서 은하들이 이런 중력적 그물망을 따라서 분포하는 것이 오늘날 알려진 우주의 모습이다.

그리고 그물 사이에는 빈터라 불리는 공간으로 은하가 존재하지 않는다. 과연 우주 공간의 90% 이상을 포함하는 이 빈터에는 어떠한 형태의 물질도 없는지의 여부가 오늘날 중요한 연구 과제가 되고 있다.

② 은하의 충돌

은하들 사이의 평균 거리는 수십 만 광년 정도로 매우 멀기 때문에 은하들 사이에 충돌이 전혀 일어나지 않을 것으로 짐작된다. 그러나 광활한 우주에서 보면 은하들 사이의 거리는 매우 가까운 것이므로 은하의 충돌은 보편적 현상이다. 충돌에는 두 은하가 가까이 지나면서 만나 서로 물질을 끌어내는 조우(遭遇 : encounter) 현상과 직접적으로 두 은하가 충돌하는 경우가 있다. 특히 후자의 경우는 충돌로 별들의 생성이 더욱 촉진되고, 또 은하핵의 결합이 발생하며 은하의 모양을 바꾸어 놓는다.

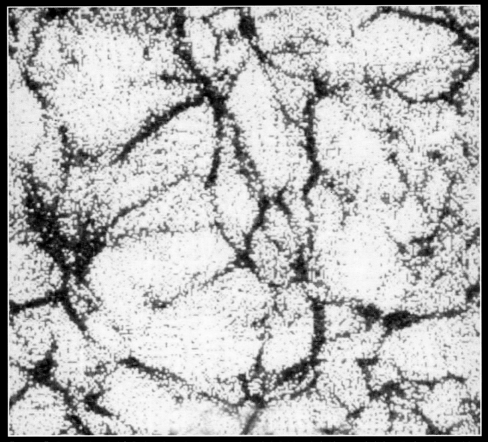

【그림15】 **우주의인드라망** | 은하들의 공간 분포를 보면 균일하게 분포하지 않고 그림처럼 그물망 모습으로 분포하고 있다. 그물 사이의 공간은 빈터라 부른다.

천문학자, 우주에서 붓다를 찾다

예를 들면 〈그림16-1〉에서 안테나 은하(NGC 4038과 NGC 4039)는 충돌 은하이다. 충돌 시에 두 은하에서 성간 물질이 끌려 밖으로 나와 긴 꼬리 모양을 이루며, 그림에서 보이는 것처럼 두 은하의 일부가 결합되어 있다. 그리고 차륜(車輪) 은하에서는 한 은하가 다른 은하의 중심부를 통과했다. 이때 큰 은하의 안쪽에 있던 많은 성간 물질과 별들이 사방으로 밀려나가 마치 수레바퀴 모양을 이루면서 별의 생성을 촉진시키고 있다. 부자(父子) 은하는 작은 은하(NGC 5195)와 큰 은하(NGC 5194)의 충돌이며, 생쥐 은하(NGC 4676)는 비슷한 은하들의 충돌이다.

일반적으로 자연이나 인간 사회에서 일어나는 충돌 현상은 언제나 적극적인 연기관계를 이끌어 간다. 인간 사회에서는 직접 충돌보다는 가까이 지나는 조우 현상이 더 많이 발생한다. 우리가 일상생활에서 서로 만나는 것도 일종의 조우이다. 이때 섭동이 발생하면서 양자에게 주고받음의 수수관계가 일어난다. 옷깃만 스쳐도 인연이라는 것이 바로 연접적인 조우에 의한 연기관계를 뜻한다.

③ 팽창하는 우주

1929년 미국의 천문학자 에드윈 허블(E. Hubble, 1889～1953)은 외부 은하들의 관측에서부터 은하는 거리에 비례하는 속도로 우리로부터 멀어져 간다는 사실을 발견했다. 이러한 은하의 후퇴 속도 법칙을 허블법칙이라 한다. 국부 은하군 밖에 있는 은하들이 거리에 비례하여 멀어진다는 것은 곧 이들을 포함한 우주가 팽창하고 있다는 뜻이다. 우주의 팽창 때문에 멀리 있는 은하일수록 은하의 색깔은 적색으로 치우쳐 나타난다. 그리고 거리가 먼 은하일수록

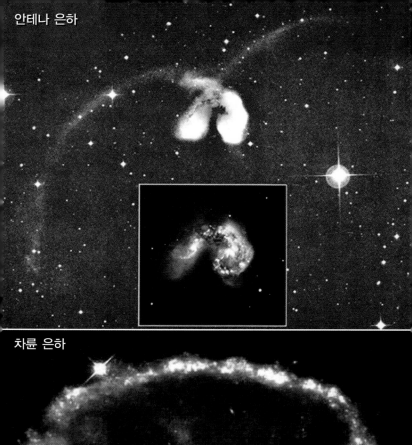

안테나 은하

차륜 은하

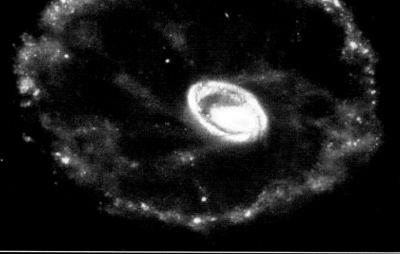

그림16-1〕 은하의 충돌 | 두 은하가 서로 충돌하는 모습 중에서 안테나 은하는 두 은하(NGC 4038과 NGC 4039)가 충돌하면서 긴 꼬리를 내고 있는 모습이고, 차륜 은하는 작은 은하가 큰 은 하를 충돌하고 지나간 모습이다. 주위의 푸른 고리에서는 별이 생성이 활발히 일어나고 있다.

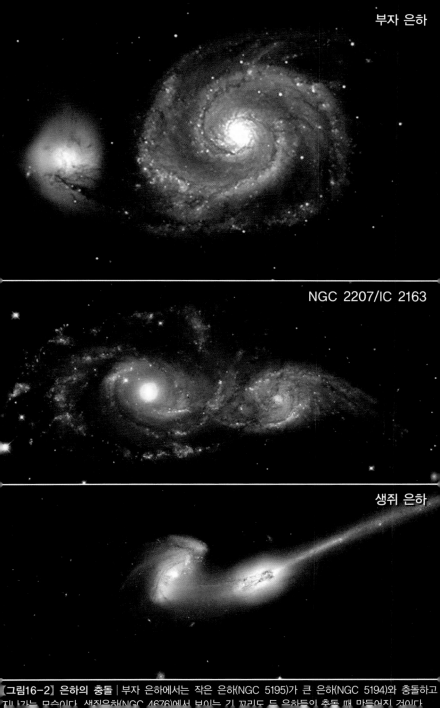

부자 은하

NGC 2207/IC 2163

생쥐 은하

[그림16-2] 은하의 충돌 | 부자 은하에서는 작은 은하(NGC 5195)가 큰 은하(NGC 5194)와 충돌하고
재 나가는 모습이다. 생쥐은하(NGC 4676)에서 보이는 긴 꼬리도 두 은하들이 충돌 때 만들어진 것이다.

우리에게 먼 과거의 모습을 보이게 된다.

예를 들어 거리가 130억 광년 떨어진 은하를 관측하는 순간에 이 은하에서 온 빛은 적어도 130억 년 전에 그 은하에서 출발한 빛이 130억 년 걸려서 지구에 도달했다는 것이다. 그러므로 아주 먼 은하일수록 우리에게 은하의 먼 과거의 모습을 보여준다. 따라서 은하의 탄생이나 우주의 기원을 연구하려면 가능한 아주 먼 은하들을 관측함으로써 우주 초기의 정보를 알 수 있다.

예를 들어 푸른색을 강하게 띠며 큰 후퇴 속도를 가지는 퀘이사(Quasar)는 매우 멀리 있는 천체로서 은하의 초기 상태 연구에 매우 중요한 대상이 되고 있다. 〈그림17〉에서 4C 41.17은 약 120억 광년 떨어진 퀘이사이다. 일반적으로 퀘이사는 광학적으로는 별처럼 작게 보이지만 실제는 매우 강한 복사 에너지를 방출하는 초기 상태의 은하이다.

현재 우주가 팽창하고 있다면 우주는 영원히 팽창할 것인가? 이에 대한 정확한 해답은 아직 없다. 만약 우주의 팽창 속도가 앞으로 점차 줄어든다면 언젠가는 팽창이 멈추고 안쪽으로 수축하는 현상이 발생할 것이다. 그러면 모든 은하들은 한 곳으로 모여들어 대붕괴를 일으키면서 다시 대폭발이 일어날 것이다. 이처럼 대폭발과 대붕괴를 반복하는 우주 모형을 진동 우주(振動宇宙)라 한다. 오늘날 보이는 팽창 우주가 앞으로 수축하여 진동 우주가 될 수 있는지의 여부는 아직 모른다. 현재의 우주 팽창은 대체로 대폭발 모형으로 설명되지만 그렇다고 이 모형이 모든 관측 사실을 다 설명하는 것은 아니다.

4C 41.17

QSO 1229+204

【그림17】퀘이사 | 퀘이사 4C 41.17은 윗그림에서 가운데 작은 노란색의 천체(화살표)이다. 이것은 약 120억 광년 떨어진 것으로 추정되고 있다. 아래 그림에서 퀘이사 1229+204는 광학적으로는 별처럼 보이지만 자세히 확대해 보면 은하임을 보여주고 있다.

『디가 니까야』에서 "세계가 수축하는 여러 겁(劫)[27], 세계가 팽창하는 여러 겁, 세계가 수축하고 팽창하는 여러 겁을 기억한다." 그리고 "나는 과거를 아나니 세상은 수축하고 팽창했다. 나는 미래도 아나니 세상은 수축할 것이고 팽창할 것이다."[28]라고 했다. 이에 따르면 우주를 진동 우주로 보고 있는 것이다. 그러나 여기서는 물리적 우주라기보다는 공간의 수축, 팽창 과정에서 일어나는 중생의 윤회를 언급하고 있다.

그리고 『앙굿따라 니까야』에서는,

"비구들아, 겁이 수축할 때 몇 해라거나 몇백 년이라거나 몇천 년이라거나 몇십만 년이라고 쉽게 헤아릴 수 없다.

비구들이여, 겁이 수축하여 머물 때 몇 해라거나 몇백 년이라거나 몇천 년이라거나 몇십만 년이라고 쉽게 헤아릴 수 없다.

비구들이여, 겁이 팽창할 때 몇 해라거나 몇백 년이라거나 몇천 년이라거나 몇십만 년이라고 쉽게 헤아릴 수 없다.

비구들이여, 겁이 팽창하여 머물 때 몇 해라거나 몇백 년이라거나 몇천 년이라거나 몇십만 년이라고 쉽게 헤아릴 수 없다."[29]라고 했다.

이것은 시간의 수축과 팽창에 따른 것으로 현대의 상대성이론에서 논의되는 속도에 따른 시간의 변화에 관련된다. 즉 정지한 관측자에 대해서 광속에 가까운 빠른 속도로 움직이는 사람의 시계는 매우 느리게 가기 때문에 시간이 느려진다. 예를 들어 우주선을 타고 광속에 가까운 속도로 10광년 떨어진 별을 여행한 후 쌍둥이 형이 지구에 돌아왔을 때 형은 아직 젊은데 지상에 남아 있던 쌍둥이 동생은 늙어 있게 된다는 것이다.

한편 『화엄경』의 「화장세계품」에서 화장장엄세계는 20층으로 이

27 겁 | 연월로써는 헤아릴 수 없는 아득한 시간. 1겁은 4억 3천 2백만 년이다.
28 『디가 니까야』 | 각묵스님, 초기불전연구원, 2006, 3권, (D25), 105쪽, (D28), 204쪽.
29 『앙굿따라 니까야 2』 | 대림스님, 초기불전연구원, 2006, 338쪽.

루어진 인드라망의 구조를 지닌 수많은 부처의 세계로 묘사하고 있다. 그리고 "화장세계바다는 법계와 같아서 차별이 없고 장엄은 지극히 청정하여 허공에 안주하였다."[30]라고 했다. 여기서는 구체적인 우주의 형태보다는 모든 것이 서로 연결된 거대한 그물 구조의 인드라망을 이루고 있다는 생각이 특징적이다.

붓다의 4종류 무기(無記)[31] 중에서 2가지는 다음과 같다.[32] 첫째, 세계는 영원한가, 영원하지 않는가, 영원하기도 하고 영원하지도 않기도 한가, 영원하지도 않고 영원하지도 않기도 않는가? 둘째, 세계는 유한한가, 무한한가, 유한하기도 하고 또 무한한가, 유한하지도 않고 또 무한하지도 않는가? 붓다 당시의 과학 지식으로는 우주의 기원을 이야기 할 수 없었으므로 무기가 당연하다.

그러나 현대의 대폭발 우주론에 따르면 태초에 한 점에서 대폭발이 일어나면서 우주가 탄생되었으므로 우주는 시간과 공간적으로 유한하다. 그러나 정상(定常) 우주론에서는 무(無)에서 유(有)의 창생(創生)을 가정하므로 우주가 시간과 공간적으로 무한하며 언제 어디서 보든 우주는 항상 일정하다고 본다. 현재의 천문학적 관측 사실에 의하면 우주는 대체로 대폭발 우주론에 가깝다. 그러므로 현재의 팽창 우주는 공간적이나 시간적으로 유한하다고 볼 수 있다. 그러나 이런 상태가 앞으로 계속 유지될지는 의문이다.

30 『화엄경』 | 무비 편찬, 민족사, 2004, 「화장세계품」, 75쪽.
31 무기 | 세존이 14개의 형이상학적 질문에 대해 침묵하고 대답해주지 않는 것. 4종류의 무기는 세계의 시간적 영원성, 세계의 공간적 유한성, 여래의 사후 존재, 영혼과 육체의 동일성 문제 등이다.
32 『열반의 개념』 | 데오도로 체르바스키 지음 · 연암종서 옮김, 경서원, 1994, 37쪽.

(9) 별과 우주의 설법

성간 물질에서 별이 탄생되어 일생을 살아가는 모습을 대략적으로 살펴보았으며, 또한 은하들이 분포하는 우주의 모습도 살펴보았다. 그렇다면 하늘의 수많은 천체들은 우리에게 어떠한 불법을 전해주는가?

인간의 경우에 연기적 삶 자체가 일체의 고(苦)라고 한다. 이런 고도 궁극적으로는 애욕(愛慾)과 무명(無明) 때문에 생긴다. 그리고 이 세상에서 모든 것은 연기관계에 따라 변해가므로 제행무상(諸行無常)이고 제법무아(諸法無我)[33]이다. 이런 것이 고의 원인이 된다. 이런 고의 원인을 없애면 번뇌 망상의 염오심이 사라지면서 열반적정에 이른다. 이를 위한 구체적 방법이 팔정도이다.

별의 탄생과 소멸도 사성제(四聖諦)를 따른다. 즉 인간의 일생은 고(苦)이지만 별의 일생은 고가 아니라 불안정에서 일어나는 단순한 사건이다.(표2) 이런 사건의 누적이 집(集)이고 이를 통해서 별의 일생이 진행된다. 진행 과정에서 어떤 사건이 계속 누적되어 증폭되면 양에 의한 질의 변화가 일어나는 멸(滅)의 단계를 맞이하게 된다. 이 단계를 거치면서 기존의 질서가 파괴되고 새로운 질서 창

【표2】 사성제

사제	고	집	멸	도
사법인	일체개고	제법무아 제행무상	열반적정	(팔정도)
우주	불안정 (사건)	불안정의 누적	양에 의한 질의 변화 (기존의 질서 파괴)	탄생, 창생

33 제행무상 | 물 · 심(物 · 心)의 모든 현상은 생멸하며 변화한다는 것.
제법무아 | 모든 것은 인연에 의해 생성되므로 실체성(고정된 자성)이 없다는 것.

천문학자, 우주에서 붓다를 찾다

출의 진화양상이 나타나면서 창생(創生)이 일어난다. 이것이 도(道)이다.

인간의 경우에 집은 고통의 원인으로, 멸은 고통을 없애는 것으로, 도는 고통을 멸하는 방법으로 본다. 그러나 원래 탐진치가 없는 별의 경우에 도는 새로운 질서 창출에 의한 생성(生成)에 해당한다. 그러므로 별은 사성제를 통해서 별의 탄생이 일어나거나 또는 보다 안정된 상태로 초월하는 일탈성을 지향한다. 소위 열반으로 나아간다.

별들은 외부 반응에 대해 최소 에너지로 작용하며, 최소 에너지 상태에 머무는 최소작용의 원리를 만족한다. 이것이 곧 열반에 이름이다. 천체들은 언제나 열반에 이르는 방향으로 진화한다. 비록 불안정한 상태를 맞이해도 연기관계를 통해서 다시 안정된 이완상태로 바뀌어 간다.

별이 불안정할 때 물질을 밖으로 방출하면서 안정을 되찾아 간다. 여기서 열반의 길이란 간직하는 것이 아니고 비우며 베푸는 것임을 별들은 보여준다. 그래서 별들은 임종을 맞이할 때 모든 것을 벗어버리고 열반에 이른다. 그러면 방출된 물질에서 다음 생명이 탄생된다. 인간도 자기 것을 버림으로써 열반에 이르고 또 이것이 다음 생의 씨앗이 됨을 알아야 한다.

인간의 경우는 자연적이 아니라 인위적(유위적) 행위로 상태를 조절, 제어하므로 바른 말과 바른 행위를 하며 바른 생활을 하고, 바른 견해로 바른 사유를 하며 바른 마음챙김으로 바른 집중을 하며 바른 정진을 하는 팔정도가 필요하지만 별은 무위적 자연성을 따르므로 이런 팔정도를 닦을 필요가 없다. 실은 별의 삶 자체가 인간이 배워야 하는 팔정도의 실현이다. 팔정도는 번뇌 망상을 여읠 때 실현된다.

삼법인(三法印)의 고(苦), 무상(無常), 무아(無我)는 일종의 구별을 위한 분별이다. 만유의 연기관계에서 일어나는 이들 현상을 인간 중심적 관점에서 분류한 것으로 자칫하면 허무주의를 야기시킬 수도 있다. 우리는 고란 말을 반드시 써야 할 필요는 없다. 삶이 고라고 흔히 말하지만 이런 현상은 인간의 근본 특성이다. 고가 있기에 낙이 있는 것이다. 그런데 왜 고만 특별히 강조해야 하는가?

결국 넓은 의미에서 고는 일종의 사건일 뿐이다. 이런 사건들은 연기관계에서 항상 일어나는 보편적 현상이다. 보편성을 중시하는 불교에서 잡다한 분별적 사항들을 나열하며 대단한 철학적 사유처럼 논하는 것은 타당치 못하다. 인간을 포함한 만유의 존재성을 올바르게 나타내고, 또 참된 삶을 바란다면 지극히 쉽고 상식적인 사유(思惟)로서 만물을 대하며 생각토록 해야 할 것이다. 무엇이든 '어려워진다'는 것은 일종의 지식이나 사유의 회론이나 또한 특수 집단이 권위를 세우려는 조잡한 의도로 볼 수 있다.[34]

자연은 인간의 조작이 없는 무위적 연기성을 갖추고 있다. 그래서 별들의 세계는 언제나 무질서해 보인다. 이런 무질서는 적극적 연기관계를 거치면서 더욱 심화된다. 무질서란 질서가 없다는 것인데 이것은 인간의 관점에서 그렇게 보이는 것뿐이다. 예쁜 여인의 조각상은 인위적 질서를 잘 갖춘 조형미를 지닌다. 그러나 비, 바람을 오랫동안 맞으면 조각상이 훼손되어 코나 귀가 떨어져 나가면서 조형미가 점차 사라져 가다가 언젠가는 아름답던 조각상이 무너져

34 『인도불교사상사』 | 에드워드 콘즈 지음, 안성두·주민황 옮김, 민족사, 1994, 218쪽.

흙으로 사라지게 된다. 즉 초기의 질서가 무질서의 극치로 변해간다.

그렇지만 자연의 관점에서 보면 조형미를 잃으면서 무질서해 보이는 조각상의 모습이 점차 조화롭게 변해 가고 있는 것이다. 왜냐하면 조각상을 만들기 전의 원래 있던 자연 상태로 이행해 가기 때문이다. 이런 상태를 엔트로피가 증가하는 상태라 한다. 즉 무질서의 증가가 엔트로피의 증가이고, 자연적 조화의 증가이다. 별들의 집단은 항상 무질서가 최대에 이르는 상태로 진행한다. 이런 현상이 집단이 가장 안정된 이완상태로 이행해 가는 과정이다.

인간의 참된 깨달음이란 것도 실은 무질서가 최대에 이르는 가장 조화로운 상태이며, 이것이 소위 무위성(자연성)에 이름으로써 무심, 무념에 해당한다. 따라서 깨달음이란 어떤 특별한 신비적인 상태가 아니라 지극히 자연스런 상태에 놓이는 것이다.

자연 상태에서 완전한 원(圓)이나 완전한 구(球)를 찾기는 매우 어렵다. 예를 들어 물이 흐르는 냇가에서 돌들이 서로 부딪치면서 오랫동안 지나다 보면 이들은 타원형의 둥글둥글한 모습으로 변하게 된다. 이것이 가장 조화로운 모습이다. 그래서 자연에서는 구형보다 타원형이 더 조화로운 형태가 된다. 인간의 경우도 조형미를 잘 갖춘 얼굴보다 가장 보편적인 평범한 얼굴 모습이 가장 조화로운 모습인 것이다. 특출해 보이는 미인이 실은 매우 불안정한 모습을 갖춘 사람이다. 왜냐하면 모난 돌이 정 맞듯이 이 모습이 불안정하며 계속 오랫동안 유지될 수 없기 때문이다.

별의 세계에는 연기적 수수관계를 통해서 무질서의 조화를 지닌 보편성이 내재해 있으며, 그리고 천체의 집단은 항상 에너지가 등분배가 되는 평등성을 지향해 간다. 그리고 보편성과 평등성은 원융무애하며 상즉상입한 이완성을 나타내면서 육상원융(六相圓融)[35]을 갖추어 간다. 또한 집단은 더 큰 집단형성으로 안정성을 더욱 강화하면서 사사무애(事事無碍)[36]하며 중중무진(重重無盡)한 인드라망을 이루고 있다. 사사무애한 우주적 질서는 바로 우주의 법성이며 화엄세계의 특징이다.

삼매(三昧)의 수행에서 마음의 침몰(沈沒)이나 도거(掉擧), 혼미(昏迷)[37] 등이 일어날 때, 이를 물리치는 방법으로 달이나 별을 바라보기도 한다.[38] 이때 천체를 그냥 바라보면서 신비감만 느끼는 것이 아니라 이들이 전해주는 부사의(不思義)한 설법(說法)을 깊이 생각하면서 지관(止觀)[39]의 수행을 닦아 간다면 한층 더 빨리 깨달음에 다가갈 수 있을 것이다.

35 육상원융 | 육상(총상, 별상, 동상, 이상, 성상, 괴상)이 서로 원용하는 것. 이완상태에 이른 집단의 특성.
36 사사무애 | 일체의 사상(事象)이 서로 교섭하고 융통하여 걸림이 없음.
37 침몰 | 어둠 속에 들어간 것 같거나 혹은 마음이 대상을 분명하게 볼 수 없는 상태.
도거 | 마음이 술렁이는 것.
혼미 | 마음과 몸이 무거워지는 것.
38 『깨달음에 이르는 길』 | 총카파 지음 · 청전 옮김, 지영사, 2005, 670쪽.
39 지관 | 지(止)는 마음을 고요하게 하여 법계의 근본적 성품에 머무는 것이고, 관(觀)은 마음에 의해 일체법을 진리 그대로 살피는 지혜를 뜻한다.

5. 화엄세계

(1) 유식과 인식

유식(唯識)이란 일체 현상은 모두 식(識) 즉 마음을 떠나지 않는다는 것이다. 그리고 내심(內心)만 있으므로 식은 있으나 외부 대상은 없다. 인식(認識)은 외부 대상의 상분(相分)[1]과 내심 작용인 견분(見分)[2]이 대립이 아닌 동등한 관계에서 일어나는 마음 작용으로 유형상(有形象) 인식론에 해당한다. 여기서 상분이란 오감(五感)을 통해서 외부 대상이 마음(머리) 속에 투사되어 파악될 것을 말하며, 이러한 상분을 인식하는 마음의 작용을 견분이라 하며 이를 통해 대상이 파악된다.

무형상(無形象) 인식론(무상유식－설일체유부)에서는 오관(五官)에 투사되어 감지된 대상의 형상이나 정보를 그대로 받아들여 인식하는 것이고, 유형상(有形象) 인식론(유상유식－유식학파)에서

1 상분(相分) | 외부 대상이 마음(머리)속에 투사된 것.
2 견분(見分) | 상분에 대한 인식 작용.

는 감지된 형상을 기존의 정보(아뢰야식에 저장된)와 비교하여 그 형상의 속성을 인식하는 것이다.

예를 들어 무형상 인식론에서는 그냥 투사된 꽃의 영상(映像)을 보는 것이고, 유형상 인식론에서는 꽃의 영상이 연꽃이라는 것을 확인하는 것이다. 그래서 아기가 보는 세상의 모습은 거울에 비친 그림 같은 영상이고, 어른은 제8식 아뢰야[3]에 저장된 정보를 활용하여 상분에 대한 견분을 통해서 세상을 분별, 판단하는 것이다.

구체적으로 예를 들어 보면 "내가 좋아하는(제7식) 연꽃이(제6, 8식) 보인다(전오식)"라고 할 때 눈을 통하여 머릿속에 투사된 것은 보이는 꽃이며 이것이 상분이다. 이 상분의 정보가 제8식으로 전달된다. 그러면 모든 정보가 들어 있는 이곳에서 이 꽃이 어떤 종류인가를 찾는다. 여기서 연꽃이라는 것을 판별해 낸다. 이 연꽃의 정보가 제7식에 전달되면 "아! 이것은 내가 좋아하는 연꽃이다."라는 견분이 생기면서 제6식인 의식으로 전달된다. 그래서 "내가 좋아하는 연꽃이 보인다."라는 결론을 얻게 된다. 이런 모든 인식과정은 찰나적으로 일어난다.[4]

상분은 마음에 투사된 외부 대상으로 객관적이다. 이에 비해 견분은 상분에 대한 마음의 인식 작용이므로 주관적이다. 따라서 우리의 마음은 상분(객관)과 견분(주관)을 모두 포함하므로 이원성(二元性)도 아니고 일원성(一元性)도 아닌, 같지도 않고 다르지도 않는 불일불이(不一不異)의 관계를 가질 때 올바른 이해에 이를 수 있다.

만약 견분에 지나치게 집착하면 주관적 견해에 쏠려서 상분을 제

3 아뢰야식 | 본능적 생동심으로 장식(藏識)이라 부른다. 여기에는 선악(善惡) 등의 종자(種子)를 거두어 저장하는 능장(能藏)과 훈습된 종자를 받아들여 저장하는 소장(所藏), 그리고 근본번뇌에 따른 집착의 종자를 저장하는 집장(執藏)이 포함된다.
4 힘센 사람이 손가락으로 딱하고 소리를 내는 시간에 64심찰나(心刹那)가 지나간다고 한다.(『인도불교사2』 : 에띠엔 라모뜨 지음 · 호진 옮김, 시공사, 2006, 332쪽)

천문학자, 우주에서 붓다를 찾다

대로 판단할 수 없게 된다. 예를 들면 보기 싫은 사람은 어떠한 좋은 일을 해도 곱게 보이지 않는 것은 바로 상분을 도외시하고 견분에만 집착하기 때문이다. 반대로 외모에 지나치게 관심이 많은 사람은 주관적 견분보다는 객관적 상분에 더 많이 집착하여 그 사람의 내면을 도외시 하게 된다. 결국 견분에 집착하면 주관적 견해에 빠지고, 상분에 집착하면 객관적 견해에 빠지게 되므로 우리는 상분과 견분의 어느 것에도 편중되지 않는 중도적 인식기능을 가져야 한다.

상분은 과연 객관적일까? 그렇지 않다. 주관적 견분에 의해서 상분도 객관성을 잃을 수 있다. 앞서 외모에 신경을 많이 쓴다는 자체가 이미 주관성이 약간 개입된 것이다. 즉 자기가 좋아하는 외형에 대한 주관적 틀이 있을 수 있기 때문이다. 내용에 있어서도 합리성이라는 틀을 좋아하는 사람은 대체로 주관적 경향이 높다.

대상의 상분도 관심(견분)에 의해 마음에 영상화된 것이므로 인식과정에서 상분의 질과 범위가 달라질 수 있다. 따라서 상분 그 자체가 반드시 진리는 아니다. 또한 이런 상분을 인식하는 견분도 당연히 꼭 진리일 수는 없다. 진리의 존재는 올바른 견분(마음)에서 시작된다. 이것은 올바른 마음을 나타내는 번뇌의 염오심(染汚心)을 여의고 궁극의 진리인 청정심(淸淨心)으로 세상을 비추어 볼 때만 가능하다.[5]

(2) 일체유심조

유식사상의 대표적인 것이 "모든 것은 오직 마음이 짓는 것이

5 『하이데거와 마음의 철학』
| 김형효, 청계, 2002, 235
쪽.

다.”라는 일체유심조(一切唯心造)이다. 그리고 성유식론(成唯識論)의 유식무경설(唯識無境說)[6]에서는 ‘오직 내심(內心)만 있고 마음 밖의 대상은 없다. 즉 모든 현상은 내심의 발현이다.’라는 내유외무설(內有外無說)을 언급하고 있다. 흔히 이 말을 잘못 이해하여 외부의 객관적 세계는 존재하지 않는 것으로 보는 경우가 많다. 그러나 유식설에서는 세상의 모든 사물이나 현상은 객관적으로 존재하나 오직 마음으로 짓는 세상만이 진실이라는 것이다.

우리가 외부 대상을 본다고 할 때 그 대상의 모습이 마치 사진기에 찍히듯이 눈을 통해 들어와서 망막에 상이 맺히면 이것이 시신경을 통하여 뇌로 전달된다. 이것이 안식(眼識)의 기능으로 나타나는 상분이다. 이때 우리가 느끼며 직접 인식하는 대상은 상분이지 외부 대상이 아니라는 것이다. 그래서 일체유심조나 유식무경이라고 하는 것이다.

좀더 쉬운 예를 들면 디지털 카메라로 사진을 찍으면 대상의 모습이 액정화면에 그대로 나타난다. 이것이 상분에 해당한다. 우리는 이 상분을 보고 경치가 좋다 나쁘다 하는 견해를 내는 것이다. 만약 색맹이 있는 사람이라면 눈을 통하여 투사되는 상분의 색깔이 제대로 나타날 수 없으므로 이에 대한 견분도 당연히 그릇되게 판단될 것이다. 이와 같은 이치로 올바른 견분을 내려면 먼저 사물이나 현상에 대한 일체지(一切智)[7]가 제8식에 잘 갖추어져 있어야 한다. 즉 올바른 지식과 지혜가 아뢰야식에 잘 갖추어져 있지 않다면 올바른 유심조를 이룰 수 없다는 것이다.

상분의 대상을 지나치게 객관적으로 간주하지 않고 또 인식하는

6 유식무경설 | 현상계는 표상식(表象識)으로 존재하고, 지각된 그대로 외계에 실재하지 않는다는 설.
7 일체지 | 일체를 아는 지혜. 공(空)의 이치를 터득한 지혜.

천문학자, 우주에서 붓다를 찾다

마음의 견분을 너무 주관적으로 보지 않으면 주관과 객관이 연기적으로 원융해지는 법성(法性)으로서 대상의 존재를 바르게 깨닫게 된다. 일체유심조는 법성을 바르게 보는 마음이므로 여실지견(如實知見)[8]이 필수적이다. 여실지견이 올바르지 못하면 내 마음이 바로 부처다(卽心是佛)라는 말을 할 수 없다.

혹자는 외부의 물질적 대상은 의식으로부터 독립하여 별개로 존재하지 않으며, 물질세계가 실체성이 없다는 것은 현대 물리학자들에 의해 점차 증명되고 있다고 한다.[9] 미시세계의 입자계(粒子系)에서는 물질과 에너지가 상호 교환되며 생성소멸 한다. 그러나 거시세계에서는 물체가 물질의 형태로 존재한다. 이것은 우리의 인식과 무관하게 존재하며 진화한다. 미시세계의 경우는 인간의 인식 행위가 실험계(實驗系)에 직접 영향을 미칠 수 있으므로 인식 대상이 그대로 실재한다고 볼 수 없다. 그리고 여기서는 확률적 상태가 언급될 뿐이다. 그러므로 일반적으로 외부의 물질적 대상은 분명히 의식으로부터 독립하여 별개로 존재한다. 즉 의식이 물질보다 먼저 존재하는 것이 아니다.

우리는 우리의 손과 발, 얼굴 등의 육신의 존재가 실재하지 않는다고 말할 수 있는가? 만약 그렇다면 연기적 변화에 따른 무자성(無自性) 때문인데 이것은 그 대상이 존재하지 않는 것이 아니라 고정된 자성 즉 고정된 실체가 존재할 수 없다는 것이다. 하늘의 수많은 별들도 우리의 의식으로부터 독립적으로 존재하는 것이 아닌가? 인간이 세상에 나타나기 이전에 우주는 존재하지 않았는가? 만약 우주에서 우리가 아직 발견해 내지 못한 은하들의 존재를 인

8 여실지견 | 있는 그대로 실제와 이치에 맞게 보고 아는 것.
9 『유식사상』| 김묘주, 경서원, 2003, 116쪽.

정할 수 없다면 우리는 우주의 보편성을 부정하는 것이다. 과거에 모든 천체가 지구 주위를 돈다는 천동설(天動說)이 진리인 것처럼 생각되었던 잘못은 바로 외부 대상이 그릇된 의식에 종속되었기 때문에 일어난 결과였다.

외부 대상이 의식으로부터 독립하여 별개로 존재할 수 없다는 것은 의식이 먼저고 대상이 다음이라는 것으로 내가 인식하지 못한 것은 존재하지 않는다는 주관적 견해다. 그러나 우주 만물은 인간 이전에도 존재해 왔으므로 물질세계의 실체성은 인간의 의식과 별개로 독립해서 존재한다. 다만 연기에 의한 시공간적 변화에 따라서 그 실체성의 특성이 변해갈 뿐이다. 그래서 물체의 실재 존재는 찰나적이라고 하는 것이다.

인간의 의식이 작용할 때는 오직 외부 대상이 상분으로 투사되면서 마음속의 견분으로 이것을 인식하게 된다. 이때 외부 대상은 이미 상분으로 투사되었기 때문에 견분의 의식 활동과는 직접적으로 아무런 연관이 없다. 그래서 외부 대상은 의식되는 순간 더 이상 존재하지 않는 것으로 볼 수 있을 뿐이다. 그렇다고 그 대상이 이 세상에서 존재하지 않는 것은 결코 아니다.

세상은 머릿속에 투사된 상분이다. 즉 세상은 인식되는 세계이다. 이것이 바로 현 존재에서 생기는 관심의 대상이다. 세상이란 상분은 마음의 견분이 어떤 것을 바라는가에 따라 달라진다. 세상 그 자체는 인식 주체의 경험에 근거하는 후천적이고 주관적인 것이 아니라 인식 주체가 태어나기 이전부터 존재해 온 만물의 세계를 근본으로 한다. 따라서 세상의 근본은 인식 주체의 경험을 초월한 선

천문학자, 우주에서 붓다를 찾다

험적 개념을 지닌다.

유식학에서는 마음 밖의 세상은 존재하지 않는다고 본다. 그러나 하이데거는 마음이란 투사된 세상의 상분에 대한 견분으로 보고 마음은 세계의 대립관계를 벗어난다고 했다.[10] 즉 마음은 상분에 대한 견분의 인식 작용일 뿐이다. 그리고 세상은 마음에 투사된 세계의 상분이며 마음이 마음대로 만들어 내는 대상이 아니다. 그러므로 유식학에서 논하는 것처럼 마음이 세상을 주재하는 것이 아니며 또한 세상이 꿈이나 환상도 아니다.

사유(思惟)는 마음에 비쳐진 세상(상분)을 대상으로 하며, 이로부터 훈습된 것이 아뢰야식에 저장된다. 이런 종자(種子)가 견분을 내어 세상을 다시 사유하게 된다. 따라서 세상과 마음은 동등한 관계에서 서로를 돕고 마음을 넓혀 간다. 만유의 평등성은 이러한 동등한 관계에서 시작되는 분별심을 떠난 마음, 세상을 올바르게 보는 마음, 그리고 세상이 올바르게 심어지고, 세상이 올바르게 마음을 끌고 가는 과정에서 달성될 수 있다.

불교는 대체로 유심주의(唯心主義)이다. 따라서 혹자는 "사람의 행위는 마음에 의해 지배되며, 외계의 영향을 받지 않는다. 외계 영향은 사람에 대한 속박이다. 이런 속박을 벗어나는 것은 외계가 거짓임을 깨닫는 해탈에 인생의 목적을 둔다."고 한다.

연기성을 불교의 근본 교리로 보고 무자성이나 무아성에서 공의 이론이 나오고, 외경(外境)의 인식의 관점에서 유식에 따라 상분과 견분이 나왔다. 이것은 외경에 대한 마음의 작용관계이다. 이런 마

10 『하이데거와 마음의 철학』 | 김형효, 청계, 2002, 160쪽.

음의 작용은 대상을 인식하는 단순한 과정일 뿐이며, 이것이 결코 외경에 대한 마음의 속박은 아니다. 왜냐하면 연기성은 속박이 아니라 주체와 객체간의 상호 의존적이며, 이 과정에서 생기는 현상이나 사물에 대한 인식, 집착, 분별 등은 지극히 자연스러운 인간의 속성일 뿐이다. 외계의 대상이 인간을 속박하는 것이 아니라, 인간 스스로가 인식 과정에서 지극히 주관적 행위에 치중할 뿐이다.

따라서 '사람의 행위는 마음에 의해 지배되며 외계의 영향을 받지 않는다'는 언급은 합당치 않다. 이 자체는 연기성의 부정에 해당하며 또 집단적 특성이 전혀 고려되지 않은 처사이다. 왜냐하면 개인의 의식 형성은 고립계가 아니라 환경에 지배를 받는 열린계에서 집단적 대중의 특성에 의해 주로 형성되기 때문이다. 즉 전통, 문화 같은 집단적 무의식이 개인의 무의식이나 의식 활동의 주축을 이루고 있기 때문이다.

불법은 유심론적인 주관주의도 아니고, 인식된 사물이나 현상이 모두 진리라고 보는 객관주의에도 치우치지 않는다. 불법은 만유 사이의 상의적 수수관계 즉 연기관계를 통한 수수작용을 근본과정으로 보고 이를 관장하는 궁극적인 연기법계의 섭리를 중시한다. 또한 이런 법계에서 유전 변천해 가는 연기과정을 근본으로 한다. 이는 곧 현실 세계를 중요시한다는 뜻이다. 따라서 반응을 미치는 대상인 객체와 반응을 받는 주체 사이의 상호 의존적 관계성이 가장 중요한 것이지 이 중 어느 한쪽으로 치우친 인식은 불합리하다. 이런 점에서 불법은 주객의 평등성과 보편성을 근본 진리로 삼으며, 그리고 무위적으로 일어나는 이완상태에서 상호간의 자리이타(自利利他)를 실천의 근본으로 삼는다.

한편 평등성이란 개체들의 존재가치가 동등함을 뜻한다. 이때 다양성은 필수적 현상이다. 즉 집단 내에서 각 개체는 각기 특성을 지니고 다양한 모습과 개성을 보이지만 이들 모두는 집단 전체의 공통적 특성을 따른다. 이런 경우에 개체들은 평등하며 그리고 보편성을 지닌다고 한다.

『중론』에서 "환영과 같고 꿈과 같고 간다르바 성과 같이 이제까지 말한 생과 주와 멸은 그 상이 이와 같네."[11]라고 했으며, 『금강경』에서도 "일체 함이 있는 모든 법은 꿈이며 환이고 물거품이며 그림자 같으며 이슬 같고 또한 번개와 같으니 응당 이와 같이 관할지니라."[12]라고 했다. 생·주·멸은 사물의 진화 양상을 우리가 인식하는 단계로 나누어 본 것이며, 생·주·멸이 일정한 자성을 갖지 못하며 또한 생과 멸이 이중적 동거성을 지니기 때문에 어느 하나의 상에 집착할 필요는 없다. 그러나 사물이 진화하며 변하는 것은 분명하다.

우리의 인식 기준으로 볼 때 환영과 같고 꿈과 같다는 것은 지나친 비약이다. 인식되는 대상은 자성이 없으므로 인식되는 것이 가유(假有)로 보일 수 있다. 이것은 시간적 연기성에 따른 진화의 결과이다. 따라서 이런 가시적(可視的) 현상의 집착을 버리기 위해 가유니 공이니 할 수 있지만 지나치게 허무적인 표현으로 환영이나 꿈 등으로 취급하는 것은 바람직하지 못하다.

유가행파(瑜伽行派)에서는 모든 경험적 인식을 가망 없는 환각(幻覺)으로 본다. 즉 외적 대상들은 전혀 존재하지 않는다는 것이다. 이런 환각적 인식의 대상은 지성(知性)에 의해 구성된 대상으로 본다.[13] 여기서 지성이란 일종의 알음알이이다. 물질의 존재를

11 『중론』| 용수 지음·박인성 옮김, 주민출판사, 127쪽, 7장 33.
12 『금강경의 비밀』| 이시우, 도피안사, 2004, 314쪽.
13 『불교논리학』| 데오도르 체르바스키 지음·임옥균 옮김, 경서원, 2005, 249쪽.

순간적 실재(實在)로 본다면 순간적 존재의 흐름이 바로 물질세계이다. 그런데 이것을 환상이나 허깨비로 규정하는 것은 지나친 허무주의적 관념론이다. 실은 물질세계에 우주의 근본 속성인 우주심이 내재하므로 물질세계를 환각적이 아니라 존재론적으로 보아야 한다.

(3) 마음의 이중성

인간의 마음은 첫째 무기물심(無機物心)이 하부 구조를 이룬다. 이것은 무위성, 보편성, 평등성, 이완성을 속성으로 하는 우주심으로 우주의 근본 섭리에 해당한다. 이를 근본심(根本心)이라 하며 이것은 진여심(眞如心)에 해당한다. 둘째 민주적이며 남에게 피해를 주지 않는 식물심, 그리고 동물심의 원초적 본능과 생물학적 유전 정보에 따른 업식(종자)이 마음의 상부 구조를 이루며, 이를 생동심(生動心)이라 한다. 이것은 자체나 외적 반응에 따라 쉽게 일어나 동(動)하는 마음이며, 근본 무명도 여기에 들어 있다. 생동심은 본능적 생동심과 일반 생동심으로 나누어진다. 전자는 아뢰야식에 그리고 후자는 전7식(전5식＋제6식＋제7식)에 해당한다.

용수의 공사상은 부정을 위한 부정이 아니라 긍정을 위한 부정을 나타낸다. 그래서 무상하고 무자성인 외부 대상의 존재를 부정하고 또한 내적인 마음의 존재를 부정하는 외무내무(外無內無)를 주장한다. 이를 보완하는 것이 아상가(無着 : 4세기경)와 바수반두(世親 : 320～400년경)에 의한 유가행파(瑜伽行派)의 유식사상이다. 즉 외부 대상의 존재는 부정하지만 내부의 마음은 존재한다는 외무내유(外無內有)를 주장한다. 이것은 인식이란 관점에서 마음의 구조를 살피는 것으로 그 내용은 아래와 같다.

① 생동심

생동심은 인연 따라 업(정신적 행위)을 형성하는 것으로 대상에 따라 생겼다 멸하고 또 멸했다 생기기 때문에 『기신론』에서는 생멸문(生滅門)이라 부른다. 이것은 크게 4가지 마음으로 나누어진다.

첫째, 전오식(前五識)은 5가지 감각기관(눈·코·귀·혀·몸)을 통하여 얻어진 외부 정보(색·성·향·미·촉)를 뇌로 전달하는 역할을 하는 것으로 안식(眼識), 이식(耳識), 비식(鼻識), 설식(舌識), 신식(身識)이다. 이들은 대상을 분별하는 역할을 한다.

둘째, 제6식은 의식(意識)으로서 전5식이 지각한 것을 분별하는 마음인 자성분별(自性分別)과 과거를 회상하며 주의하고 분별하는 수념분별(隨念分別), 그리고 과거·현재·미래에 걸쳐 아직 일어나지 않은 것을 막연히 상상하는 계탁분별(計度分別)이 있다.

전오식과 제6식을 합쳐 전6식(前六識)이라 하며 이를 요별경식(了別境識)[14]이라고도 부른다.

의식에는 외부 대상과 무관한 내적 명상(名相)[15]을 대상으로 하는 독산의식(獨散意識), 꿈속에서 활동하는 몽중의식(夢中意識), 선정(禪定) 중에 나타나는 정중의식(定中意識)이 있다. 그리고 현실적 사실을 직접 헤아리는 현량(現量), 단순히 비교 판단하며 추

14 요별경식 | 대상을 인식하는 식.
15 명상 | 명칭과 형상.

리하는 비량(比量), 그릇되게 판단하는 비량(非量) 등의 의식작용을 광연의식(廣緣意識)이라 한다. 제6식은 제7식, 제8식, 제9식에 근거해서 일어난다.

제6식이 작용하는 심소(心所)[16]에는 51가지 있다.[17] 즉 5변행(遍行)심소, 5별경(別境)심소, 11선(善), 6근본번뇌, 20수번뇌(隨煩惱), 4부정(不定) 등이다. 이 중 대표적인 것은 6근본번뇌인 탐(貪-탐함), 진(瞋-원망하고 화냄), 치(痴-무명[18], 어리석음), 만(慢-교만), 의(疑-의심), 견(見-악견) 등이다.

5변행심소는 촉(觸-감수), 작의(作意-반응), 수(受-수용), 상(想-대상에 대한 상념), 사(思-마음속의 사유)로서 마음이 일어날 때 보편적으로 반드시 함께 일어나는 심소이다. 5별경심소는 욕(欲-의욕), 승해(勝解-바른 지견), 염(念-기억하여 망실치 않음), 정(定-집중), 혜(慧-이해하여 간택함)이며, 이것들은 마음속으로 일어나는 것이 아니라 각 외부 대상에 대하여 일어나는 심소이다.(5변행심소와 반대)

20수번뇌에는 8대수번뇌〔불신(不信-믿지 못함), 해태(懈怠-게으름), 방일(放逸-방종), 혼침(昏沈-흐리멍텅함), 도거(掉擧-마음이 딴 곳에 가 있음), 실념(失念-과거 기억을 잃음), 부정지(不正知-그릇된 견해), 산란(散亂-마음이 흔들림)〕와 2중수번뇌〔참(慚-부끄러움), 괴(愧-죄악에 대한 수치심)〕 그리고 10소수번뇌〔분(忿-분노), 한(恨-원한), 뇌(惱-번민), 부(覆-은폐), 광(誑-위장), 첨(諂-아첨), 교(憍-교만), 해(害-피해), 질(嫉-질

16 심소 | 마음의 작용.
17 『唯識三十頌』| 세친 지음, 대한불교 조계종 금강선원 편저, 2000.
18 무명(無明) | 우리들의 존재 근저에 있는 근본적인 무지(無知).

천문학자, 우주에서 붓다를 찾다

투), 간(慳–인색)〕 등으로 이루어진다.

11선은 신(信–신념), 근(勤–정진), 무참(無慚–부끄러움이 없음), 무괴(無愧–수치스러움이 없음), 무탐(無貪–탐착하지 않음), 무진(無瞋–원망하는 마음이 없음), 무치(無痴–어리석은 마음이 없음), 안(安–신심이 경쾌하고 안락함), 불방일(不放逸–방종하지 않음), 행사(行捨–고도 낙도 없는 평등심), 불해(不害–고통과 피해를 주지 않음) 등이다.

4부정은 회(悔–뉘우침), 면(眠–수면), 심(尋–미루어 짐작하고 분별함), 사(伺–바깥 대상에 대해 미세한 분별을 일으킴) 등이다.

셋째, 제7식은 말나식 또는 사량식(思量識)이라 부른다. 이것은 자신을 내세우는 자아의식(自我意識)이다. 예를 들어 지나치게 합리성을 주장하는 사람이나 또 자기와 같은 코드를 찾는 사람은 제7식 자아의식이 매우 강한 사람들이다. 말나식은 아집과 법집의 염오식으로 내심에 반연(攀緣)하며, 외부 대상에는 무관하게 주로 제8식에 근거해서 일어난다.

말나식의 중요한 심소에는 18가지가 있다. 즉 4근본번뇌, 8대수번뇌, 5변행심소, 5별경심소 중의 혜이다. 4근본번뇌는 아치(我癡–무지, 무명, 못나고 어리석은 우매 등 자신의 존재의 본질을 망각함), 아견(我見–자기 견해에 집착하여 생·주·이·멸을 망각함), 아만(我慢–교만하고 타인을 무시하며 평등심을 상실함), 아애(我愛–탐애, 차별심으로 배타적이며 이타심을 상실함)이다. 말나식은 선악을 야기하며, 많은 업력을 만들어 내며 윤회토록 하는 원동력이 된다.

이상의 전오식에서 제7식까지는 일반 생동심으로서 주로 번뇌망상을 잘 일으키는 물들고 깨끗지 못한 염오의 생동심이다.

넷째, 제8식은 아뢰야식이라 부르며 또한 장식(藏識)[19]이나 이숙식(異熟識)[20]이라고도 부른다. 아뢰야식은 본능적 생동심으로 심(心)이라 하며, 일반 생동심의 제7식은 의(意) 그리고 전6식은 식(識)이라 부르기도 한다.

아뢰야식은 먼 신화적 집단생활에서부터 이어오는 사회적 생활에서 얻어지는 집단 무의식과 부모로부터 받아오는 유전정보와 업식(業識), 그리고 태어나서 살아가면서 몸과 입, 뜻으로 짓는 신·구·의(身口意)의 업(정신적 행위)과 경험을 통해 얻어지는 훈습된 정보가 포함된다. 교육을 통해 얻어지는 지식도 물론 저장된다. 따라서 아뢰야식은 외부 대상에 무관하게 일어난다. 그리고 아뢰야식은 선악(善惡)과도 무관하다. 꿈을 꿀 때 나타나는 무의식적 현상은 아뢰야식에 근거한다.

미국의 종교학자인 엘리아데(M. Eliade, 1907~1986)는 신화(神話)는 신성한 역사를 통해 사물의 기원과 우주의 실재를 설명하고 범례적인 모델을 제시해 주며, 또 인간 행위를 정당화시켜준다고 했다.[21] 우리에게는 천지인(天地人) 합일사상(合一思想)과 홍익인간(弘益人間) 사상을 지닌 단군신화에 따른 집단 무의식이 우리 마음속의 아뢰야식에 저장되어 있는 것이다. 비록 우리가 서양문명에

19 장식 | 선악 등의 종자를 거두어 저장하는 능장(能藏)과 훈습된 종자를 받아들여 저장하는 소장(所藏) 그리고 근본번뇌에 따른 집착의 종자를 저장하는 집장(執藏)을 통틀어 뜻함.
20 이숙식 | 선악(善惡)의 인(因)에 의해서 받는 과보가 다르기 때문에 이숙식이라 한다.
21 『우주와 역사』 | M. 엘리아데 지음·정진홍 옮김, 현대사상사, 1995.

천문학자, 우주에서 붓다를 찾다

익숙해 있다 하더라도 전통적으로 내려오는 이러한 고유의 집단 무의식을 결코 벗어날 수는 없다. 이런 집단 무의식은 들뜬 생동심이 약화될수록 잘 나타난다.

신화란 그 시대의 인간과 인간, 인간과 자연 사이의 역동적이고 유기적 상호관계를 상징하는 일종의 도덕이고 윤리이며, 합목적적 법칙성이다. 인간 집단(사회, 국가, 민족) 전체가 지향하는 궁극적 목적과 당시의 일반적인 규칙성이 내재되어 당시의 문화상을 나타내고 또 정통성을 표방한다. 어떤 현상이 합당한 이치로 설명될 때 이를 과학적이라 한다. 그러나 절대적 진리가 존재하지 않고 또 완전한 해답을 찾지 못하는 것이 우주의 변천하는 모습이고 보면 과학도 일종의 객관성(엄격한 의미에서 시공간적 제한성이 내포된)을 띤 신화의 일종이다. 신화 속에는 당시의 집단적 이데올로기나 과거부터 전승되어 오는 집단 무의식이 내재하며 또한 인간 자신의 존재(내면적, 외면적 세계의)에 대한 가치와 그 본질에 대해 알고자 하는 노력이 계속 이어진다. 이처럼 신화는 민족의 정신적 역사로서 우리 의식 특히 제8식 아뢰야식의 깊숙한 곳에 항상 내재하며 심층적 의식을 주재하고 있다.

만약 신화적인 집단 무의식을 부정한다면, 그런 사람은 자기 조상(祖上)을 부정하고, 민족정신 즉 민족의 정체성을 부정하는 지대한 오류를 범하게 된다. 우리나라에서 단군신화를 부정하는 이런 부류의 사람이 상당히 많다면 우리는 세계 속에서 민족정신을 잃은 매우 불행한 민족으로 전락(轉落)될 것이다.

한편 정신 분석학자 에리히 프롬(E. Fromm, 1900~1980)에 따르면 무의식의 내용은 선도 악도 아니며, 이성적인 것도 비이성적인 것도 아니다. 그것은 양면을 다 가지고 있다. 무의식이란 우주에 근원을 둔 보편적 인간 즉 전인(全人)을 의미한다. 무의식은 자기 속에 있는 식물, 동물, 자기 자신을 나타낸다. 그것은 인간 존재의 여명으로까지 거슬러 올라간 과거를 표현하고 있으며, 또 인간이 온전한 인간으로 되는 그의 미래를 나타내며, 또한 인간이 인간화되는 것과 마찬가지로 자연도 인간화되는 그날을 나타내고 있다.

즉 유의적 행이나 사고(思考)가 따르지 않는 본성의 무의식은 사회적 규범이나 질서 등의 특성에 의하여 여과(濾過) 작용을 거치지 않은 것이다. 이러한 무의식적 아뢰야식 속에는 과거로부터 이어져 오는 인간의 원초적 본성 또는 우주적 정보가 내장되어 있다. 문명화된 사회일수록 다양한 제약과 제도를 통한 심한 여과 작용에 의해 무의식적 잠재력과 활동이 억제되면서 소위 기계화된 인간으로 바뀌어 간다. 특히 오늘날 이런 현상에 크게 기여하는 것이 전자정보기술에 따른 산업화이다.

아뢰야식에는 신체의 발육 및 성장 등을 담당하는 생리적 정보가 들어 있으며 이를 집지식(執持識)이라 부른다. 이런 아뢰야식 때문에 몸이 아프면 마음이 아프고, 마음이 아프면 몸도 아프며, 그리고 마음이 평안하면 몸이 평안하고 몸이 평안하면 마음도 평안해지는 마음과 육신의 안위동일(安危同一) 현상이 생기는 것이다.

아뢰야식이 표면으로는 평정한 것 같지만 실제는 안으로 쉼 없는 역동적 과정과 변화가 일어나고 있으므로 이것을 폭류(瀑流)의 물과 같다고 한다. 이 말은 우리의 의식 작용을 관장하는 주 근원은 바로 식(識)의 저장 창고인 아뢰야식이라는 것이다.

천문학자, 우주에서 붓다를 찾다

『기신론』에서는 아뢰야식을 청정한 진여와 생멸하는 무명과 망념의 합으로 보지만 여기서는 일반 생동심과 진여를 제외한 아뢰야식을 본능적 생동심으로 본다.

108가지의 번뇌, 업장, 고통 등은 살아서 겪어야 할 숙명적인 것으로 본다. 이것은 인간이 찾아낸 심리적 현상이다. 주어진 여건에서 열심히 살아간다면 번뇌니, 업장이니, 고통이니 하는 사치스러운 말들을 느낄 시간이 없다. 또 필요치도 않다. 번뇌를 여의어야 한다든지 깨달음을 이루어야 한다는 유위적 목적을 두고 살아간다면 그 목적 때문에 다른 넓은 세상의 것들이 안중에 들어오지 않아 좁은 안목으로 살아가게 된다. 그래서 삶의 진정한 가치를 잃을 수 있다. 함이 없는 함을 수행해 가는 것이 가장 자연스러운 것이고 또 올바른 청정심이나 깨달음에 이를 수 있는 길이다.

인간은 번뇌니 업장이니 고통 같은 부정적이고 회의적이며 염세적인 말에 쉽게 편향되는 것이 보통이다. 그러나 이러한 언설을 잊고 산다면 이것에 의한 종자식(種子識)은 생기지 않는다. 불교에서 지나치게 과장된 듯한 인간 심리를 언급하고 강조하여 오히려 염오심을 더 만들어 낼 수 있음을 간과해서는 안 된다.

② 근본심

진제(眞諦, 499~569)는 『섭론(攝論)』의 구역(舊譯)에서 제9식을 아마라식으로 두었다. 보통은 제9식을 별도로 두지 않고 제8식에 포함시키거나 또는 무구식(無垢識)이나 청정식(淸淨識)이라 부르며 별도로 취급하기도 한다. 이 무구식은 『기신론』에서 진여문(眞如門)에 해당한다.

아마라식은 흔히 진여, 진심, 여래, 불성, 보리, 열반, 총지(總持), 원각(圓覺), 법신, 여여(如如), 심지(心地) 등으로 불리기도 한다. 이것은 만물의 존재의 근본 본성인 우주심으로서 세속의 연기와 무관한 원초적 마음으로 우리의 육신에 들어 있다. 여기서 아마라식을 생동심과 구별하여 근본심으로 부르기로 한다.『기신론』의 본각(本覺)은 생동심에 싸인 근본심에 해당하며, 시각(始覺)은 생동심을 여읠 때 현현하는 근본심이다. 그리고 근본심은 "항상 변하지 않는 정법(正法)을 만족시키는 까닭에 불공(不空)이라 이름한다."[21]

불교에서 인간이 궁극적으로 얻고자 하는 것은 바로 청정한 근본심의 발현이다. 이것에 대한 중요성은 여러 경전과 논서에서 잘 기술되고 있다.

예를 들면 석존은 "중생의 불성은 있는 것도 아니며, 없는 것도 아니며, 있기도 하고 없기도 하니라."[22]고 했다. 여기서 '불성은 있는 것도 아니며'라는 것은 염오의 생동심에 의해 근본심이 가려지는 것을 뜻하며, '없는 것도 아니다'라는 것은 염오의 생동심을 여의면서 나타나는 근본심의 발현이다.

『화엄경』에서 "부처, 중생, 마음 이 셋은 아무런 차이가 없다" (心佛衆生 是三無差別)고 했다. 이것은 곧 중생의 마음에 부처가 들어 있다는 뜻이며, 이 부처의 마음이 곧 근본심이라는 말이다.

그리고 『화엄경』의 「여래출현품」에서 "보살 마하살은 마땅히 마음의 경계가 여래의 경계임을 알며, 마음의 경계가 한량없고 그지없고 속박도 없고 해탈도 없는 것과 같이 여래의 경계도 한량없고 그지없고 속박도 없고 해탈도 없음을 알아야 하느니라."[23]라고 했

21 『대승기신론 강의』| 이기영, 한국불교연구원, 2004, 145쪽.
22 『열반경』| 이운허 옮김, 동국역경원, 2004, 782쪽.
23 『화엄경』| 무비 편찬, 민족사, 2004, 「여래출현품」, 79쪽.

천문학자, 우주에서 붓다를 찾다

다. 여래의 경계란 우주적 섭리인 우주심을 뜻하며, 이것은 무변(無邊)하고 연기법계에서 아무런 속박도 없는 무위적인 것이다. 그리고 마음의 경계란 근본심으로 곧 여래의 경계인 우주심이다. 그러므로 마음의 해탈이란 것이 특별히 따로 존재하지 않는다.

한편 보조국사는 『진심직설(眞心直說)』에서 "삼세의 부처가 다같이 깨친 것도 생각건대 이 마음을 깨친 것이요, 저 방대한 대장경이 설명하고 드러낸 것도 생각건대 이 마음을 드러낸 것이요, 일체 중생이 잘못된 길을 방황하는 것도 생각건대 이 마음을 몰라서이며, 일체 행자가 깨닫는다는 것도 생각건대 이 마음을 깨닫는 것이며, 모든 조사가 서로 전한 것도 생각건대 이 마음을 전한 것이요, 천하의 납자들이 참구하며 찾아다니는 것도 생각건대 이 마음을 참구하여 찾아다니는 것이다."[24]라고 하였다. 여기서 '이 마음'이란 진심으로 바로 근본심이다.

또한 『진심직설』에서 다음과 같이 언급하고 있다. "과거와 현재와 미래를 통하여 그 어느 시기에나 있는 영원한 존재, 시간과 공간을 초월한 마음이 여래이며 진심이라는 것을 이 말을 통해서 알아야 한다." "진심의 묘한 체는 모든 곳에 두루 있다." "산하대지가 모두 진심이다." "한결같이 마음이 공평하고 비어서 털끝만큼의 티의 가림도 없어 모든 산하대지, 초목총림과 삼라만상과 물든 것, 깨끗한 것 등 모든 법이 다 여기서(진심) 나온다." 보조국사의 진심(眞心)은 생의를 가진 산하대지 등 우주 만물의 공통된 우주심에 해당한다. 진심의 묘체 자체는 본래 움직이지 않는 것으로 그것은 언제나 한결같은 안정진상(安靜眞常)[25]이요, 열반적정이며, 상·락·

24 『진심직설 역해 및 강의』| 이기영, 한국불교연구원, 2001, 218쪽.
25 안정진상 | 평안하고 조용한 열반의 경지.

아·정(常樂我淨)[26]인 것이다.

　원효(元曉, 617~686)대사는 "마음의 본체는 맑고 깨끗한 것(淨)이자 물든 것(染)이고, 이 마음이 동(動)하는 것이자 동하지 아니한 것(靜)이라고 한다면, 염정이 둘이 아니고, 동정이 따로 있지 아니하다."[27]라고 했는데 여기서 염하며 동하다는 것은 생동심이며, 맑고 깨끗하며(淨) 동하지 않는 것(靜)은 근본심이다. 염정이 함께하고 동정이 따로 있지 않다는 것은 근본심이 생동심에 싸여 함께 있음을 뜻한다.

　『여래장경』에서 "선남자여, 이것은 보편타당한 진리이며, 여래들이 세상에 출현하든 하지 않든 상관없이 중생들은 항상 여래를 그 안에 간직하고 있다."[28]라고 했다. 근본심인 불성은 무시이래로 존재해 왔고, 중생은 태어나면서부터 이 근본심을 항상 몸에 간직하고 있다는 것이다. 따라서 우리 몸을 늘 잘 보살피고, 청정하게 함으로써 근본심이 잘 드러날 수 있도록 해야 한다. 계·정·혜의 삼학에서 계가 가장 중요한 이유도 여기에 있다.

　『열반경』에서 "여래의 몸에는 두 가지가 있으니, 하나는 생신(生身)이요, 또 하나는 법신(法身)이니라. 생신이라 함은 곧 방편으로 중생을 위하여 화생(化生)한 몸이니, 이런 몸은 태어난다 늙는다 병든다 죽는다 말할 수 있느니라. 법신은 곧 항상하고 즐겁고 나(我)이고 깨끗하여 모든 나고 늙고 병들고 죽음을 영원히 여의었으며 부처님이 이 세상에 나거나 나지 않거나 간에 항상 머물며 동요하지 않고 변역(變易)함이 없다 하느니라."[29]고 했다.

　즉 석존이 죽는다는 것은 죽는 것이 아니라 색신(色身 : 몸)이 사

26 상·락·아·정 | 생멸 변천함이 없이 항상하고, 생사의 고통을 여의어 안락하며, 망집의 아(我)를 여읜 대아(大我)이며, 번뇌의 더러움을 여의어 청정함.
27 『원효사상』 | 이기영, 한국불교연구원, 2002, 235쪽.
28 『여래장사상』 | 平川彰외 지음·종호 옮김, 경서원, 1996, 25쪽.
29 『열반경』 | 이운허 옮김, 동국역경원, 2004, 759쪽.

천문학자, 우주에서 붓다를 찾다

라질 뿐이고 영원한 법신(法身)은 멸하지 않는다는 것이다. 여기서 내가 죽는다는 것은 생동심에 물든 육신이 소멸하여 사라지는 것이다. 그리고 육신의 잔해에 들어 있는 근본심은 처음 태어날 때 가지고 온 우주심으로서 영생(永生)하며 순환하는 법신으로 남아 다음 생의 씨앗이 된다.

붓다는 색·수·상·행·식(色受想行識)의 오온은 환상 같고 거품 같은 것이라고 선언했으며, 또한 오온은 거짓되고 헛된 존재로 보면서 공성, 즉 사물들의 의존성을 설시(說示)했다.[30] 여기서 색은 육신이며 이것도 4대 원소인 지·수·화·풍(地水火風)의 결합에 의한 인연물이다. 따라서 본래의 고정된 자성(自性)은 없다. 모든 것이 화합체이고 또 연기성에 따라 진화하므로 일정한 본성이 있을 수 없다. 그러나 몸의 구성 물질은 물질의 근본 속성인 우주심을 지니며, 생의를 가진 생명체로서 진화한다. 그렇다면 색(色)인 물질을 환상이나 거품 같은 것으로 가볍게 취급하는 것은 물질의 생의를 무시한 것으로 옳지 않다. 비록 물체 자체는 시간적 변화를 통하여 환(幻)처럼 보일지 모르나 사물 자체가 지닌 우주적 근본 속성을 등한시하며 도외시해서는 안 된다.

정신에 연관된 수·상·행·식은 인간의 인식작용에 연관된 것이며 특히 염오의 생동심이 물체나 현상을 올바르게 보는 것을 방해한다. 이것은 분별과 집착 때문이다. 이런 점에서 생동심은 환상 같고 거품 같은 역할을 할 수도 있다. 그러나 마음의 근본을 이루는 근본심은 우주심으로서 진리 그 자체이다. 이상의 논의를 고려할 때 사물의 의존성을 보이기 위해 오온을 환상이나 거품 같다고 표

30 『불교의 중심철학』 | 무르띠 지음 · 김성철 옮김, 경서원, 1999, 113쪽.

현했지만 이런 표현은 자칫 오온의 본질을 오해할 소지가 많다는 것을 알 수 있다.

세존은 "그대는 여래를 어떻게 보는가?"라고 유마힐에게 물었다. 그는 "저는 여래를 볼 때 마치 자신의 실상을 보듯이 부처님을 봅니다."라고 하면서 여래에 대해 54가지 부언 설명을 하는데 요약하면 다음과 같다.[31]

여래는 과거 · 현재 · 미래에 걸쳐 항상 존재한다. 상이 없이 여여하여 무자성이다. 삼계에 있지 않다. 자신의 상도 아니요 다른 이가 만든 상도 아니다. 생멸하지 않는다. 지(智)로서 알 수 있는 것도 아니요 식(識)으로서 알 수 있는 것도 아니다. 밝음도 어둠도 아니며, 이름도 형상도 없다. 강하지도 약하지도 않고, 깨끗하지도 더럽지도 않다. 유위도 무위도 아니다. 어떤 정한 곳에 있는 것도 아니고, 또 그런 장소를 떠나 있는 것도 아니다. 진실도 거짓도 아니다. 와버린 것도, 가버린 것도 아니다. 일체 언어도단이다. 진제와 동등하고 법상과도 동등하다. 제거나 헤아릴 수 없으며 그런 것을 초월한다. 견 · 문 · 각 · 지(見聞覺知)의 대상이 아니다. 모든 인연의 결박을 벗어나 있다. 일체지에 대한 평등성을 실현한다. 제법에 대해 분별하지 않는다. 작업함도(無作) 없고 또 생겨남도 없다(無起). 집착함이 없다. 과거 · 현재 · 미래가 없다. 일체의 언설로써 분별하거나 나타내 보일 수 없다.

이상의 설명은 근본심의 특성을 나타낸 것인데 이것이 바로 우주심의 특성에 해당한다.

31 『유마경강의』 이기영, 한국불교연구원, 2000, 하권, 334~340쪽.

의상대사가 "처음 발심할 때가 문득 정각이다. 가도 가도 본래 그 자리, 이르고 이르러도 떠난 그 자리(初發心時便正覺, 行行本座 至至發處)"라고 한 그 자리도 바로 근본심이다. 의상대사의 말은 『화엄경』에서 구도자(求道者)인 선재동자(善財童子)가 미륵보살을 만나서 보인 '부처의 자리에 올라 깨닫고 보니 제자리였다.'라는 것과 같은 뜻이다.

선종(禪宗)에서 흔히 말하는 무념과 무심은 근본심이며, 그리고 임제(臨濟, ?~687)선사의 무위진인(無位眞人)[32]에서 진인도 근본 심을 뜻하며 무위는 자연성이다. 혜능선사는 "모든 법이 자신의 마음 가운데 있거늘, 어찌 자기 마음을 따라서 진여의 본성을 단박에 나타내지 못하는가?"라고 하면서 "본래 마음을 알지 못하면 불법 을 배워도 이로움이 없으니, 마음을 알아 성품을 보면 곧 큰 뜻을 깨치느니라."했다. 즉 "자기의 본래 마음을 아는 것이 본래 성품을 보는 것이다."[33]라는 뜻이다. 여기서 본성은 곧 근본심이며 여기에 만법이 들어 있다는 것이다. 따라서 불법을 안다는 것은 바로 이 근 본심을 안다는 것이며, 그리고 이를 발현하여 행함으로써 불성을 이루게 되는 것이다.

『단경』에서 "어떠한 것이 청정법신(淸淨法身)인가? 세간 사람의 성품이 본래 청정하여 만법이 자성으로부터 남이라. 만약 선지식을 만나 참된 정법을 듣고 스스로 미망(迷妄)을 제하면 내외가 명철하 여 자성 가운데에 만법이 모두 나타나니 견성한 사람도 또한 이와 같으니라. 이것이 청정법신불이니라."[34]고 했다.

청정법신(淸淨法身)인 근본심이 마음에 들어 있다는 것이다. 이 것이 미망의 생동심에 가려져서 발현되지 못할 뿐이다. 그리고 만

32 무위진인 | 본래의 면목 에 투철한 참사람.
33 『古鏡』| 퇴옹성철 편역, 장경각, 불기 2538, 「돈황본 단경」, 316쪽, 284쪽, 295쪽.
34 『육조단경』| 광덕 역주, 불광출판사, 1994, 198쪽.

법이 자성 속에 있다 함은 우주 만물에도 진심인 우주심이 내재해 있다는 것이다. 그래서 우리는 염오의 생동심을 여의면 우주 만물의 진심인 우주심을 그대로 볼 수 있으며, 이것은 만물에 내재한 우주심과 같은 것이다. 여기서 미망의 구름이 걷히면 만유의 진심(불성)을 볼 수 있다는 것은 만유가 허망한 세계가 아님을 뜻한다.

보조국사는 "경론을 배우는 교문(敎門)에서는 인과를 믿게 하되, 복락 얻기를 좋아하는 사람에게 십선(十善)을 닦는 것이 원인이 되어서 중생들 가운데서 제일 좋은 경계인 인·천(人天)이란 경지에 나게 됨을 바라게 한다. 그러나 선을 닦는 조문(祖門)에서는 인과를 믿기보다는 자기 자신이 본래 부처이며, 천진난만한 자기 자성이 열반의 모체임을 알아서 다른 것을 쫓아다닐 필요가 없다는 것이다."[35]라고 했다.

교문에서는 경전과 논서를 통하여 인간과 자연 사이의 연기관계를 올바르게 수행함으로써 좋은 경지에 이른다고 한다. 반면에 조문에서는 경(經)의 가르침보다 선정(禪定)을 통하여 염오의 생동심을 완전히 여읨으로써 자신에 들어 있는 부처를 발현시켜 단박에 깨달음에 이르도록 한다.

조문의 근본적인 문제는 교외별전(敎外別傳)[36]이라 하여 경(經)과 논(論)을 통한 지식과 지혜의 증진을 막음으로써 현실적인 연기관계를 올바르게 수행치 못하게 되며, 나아가 공동체의 원만한 안정보다는 개체의 깨우침에 편중하는 결과를 초래하게 된다. 반면에 교문은 경과 논을 통해 근본심의 본체를 잘 터득하지만 자신의 번뇌 망상의 생동심을 여의는 수행을 소홀히 한다. 그러나 교와 선은

35 『진심직설역해 및 강의』| 이기영, 한국불교연구원, 2001, 24쪽.
36 교외별전 | 교(敎) 밖에 따로 전하는 것으로 말이나 문자를 쓰지 않고 마음에서 마음으로 전하는 것.(以心傳心)

천문학자, 우주에서 붓다를 찾다

항상 함께 이루어져야 올바른 연기관계를 수행할 수 있고 이를 통해 만유와 합일하는 깨달음에 이를 수 있다.

보조국사는 "세존이 입으로 설하면 교(敎)이며 조사들이 마음으로 전하면 선(禪)이다. 부처와 조사의 입(교)과 마음(선)은 결코 서로 위배되지 않는다."[37]라고 하면서 선과 교 중에서 선이 주(主)이고 교가 종(從)이라는 생각은 잘못된 것으로 보고 선교는 함께 이루어져야 한다고 보았다. 그리고 규봉종밀(圭峰宗密, 780~841)선사도 "무릇 부처님이 설하신 돈교(頓敎)와 점교(漸敎), 선에서 주장한 돈문(頓門)과 점문(漸門)을 비교하여 살펴보건대, 두 가르침(敎)과 두 선문은 서로 잘 맞아떨어집니다."[38]라고 하면서 선교일치 사상을 주장했다.

한편 총카파(1357~1419)는 "수행자에게는 이 지혜의 인(因)을 얻기 위해 반드시 많이 들어야 하며, 응당 확실하고 바른 이해가 있어야만 한다."라고 하면서 "빨리 성불하려면 수행을 해야 하고 부처님의 가르침을 많이 듣는 것은 성스러운 가르침에 도움이 되니, 안으로 수행과 밖으로 성스러운 가르침을 배우는 수행에 두 가지를 따로따로 지녀야 한다는 것은 서로 크게 모순되는 망언이다."[39]라고 했다. 결국 수행에는 지식이 꼭 필요하며, 그리고 선(禪)과 교(敎)는 함께 이루어져야 한다는 것이다. 아무리 선을 많이 닦아도 일체지에 의한 여실지견이 없으면 깨달음에 이를 수 없다. 따라서 교를 등한시한 선은 결코 불법의 올바른 수행이 될 수 없다.

37 『知訥의 禪思想』| 길희성 지음, 소나무, 2006, 58쪽.
38 『禪源諸詮集都序』| 규봉종밀 지음·원순 역해, 도서출판 법공양, 2005, 30쪽.
39 『깨달음에 이르는 길』| 총카파 지음·청전 옮김, 지영사, 2005, 599쪽.

실천과 지식

스리랑카에서 한때 실천(수행)과 〔교리에 대한〕 지식 사이에 논쟁이 있었다. 여기서 다음과 같은 결론을 얻었다.

범부는 생동심이 강해서 그 속에 싸여 있는 근본심을 드러내 보이지 못한다. 그러나 성인(聖人)이나 현자(賢者)는 생동심을 약화시키면서 청정한 근본심을 발현시키는 사람이다. 한편 위인이라는 사람은 강한 생동심으로 새로운 것을 발견하거나 발명할 수 있다. 그래서 우리가 알지 못했던 것을 찾아주는 사람이다. 그러나 위인(偉人)들은 생동심이 강하게 작용하기 때문에 오히려 근본심이 가려져서 성인의 경지에 오르기는 어렵다. 진리 탐구라는 것은 경쟁적이고, 구하고 찾고자 하는 목적의식 때문에 항상 생동심을 수반한다. 이런 이유로 위인들 중에는 괴팍스러운 성품의 소유자가 적지 않다. 어쩌면 오늘날 지식인의 대부분은 범부보다 더 강한 생동심을 지닌 무리일지도 모른다.

성기(性起)는 법성의 생기로 법성의 현현을 뜻한다. 이것은 인식의 문제로서 마음의 작용에 연관된다. 존재가 지니는 법성의 진리가 성기한다는 것은 곧 마음에 근거한 법성의 진리 이해에 연관된다. 존재함이 마음에 현시될 때 상분에 대한 견분이 바르지 못하면 진리를 이해하지 못할 뿐만 아니라 진리를 비진리(非眞理)로 받아들일 수도 있다. 따라서 마음의 생동심을 여의고 근본심이 발현되

40 떼삐따까 | 삼장(三藏)으로 경장(經藏), 율장(律藏), 논장(論藏)이다.
41 『인도불교사1』| 에띠엔 라모뜨 지음 · 호진 옮김, 시공사, 2006, 710쪽.

어야만 존재함의 성기를 바르게 이해할 수 있는 것이다.[42]

42 『하이데거와 화엄의 사유』 김형호, 청계, 2004, 161쪽.
43 전식득지 │ 번뇌가 없는 대원경지, 평등성지, 묘관찰지, 성소작지를 얻는 것.
44 『육조단경』 광덕 역주, 불광출판사, 1994, 80쪽.
45 돈오점수 │ 깨달음에 이르되 번뇌 망상을 여의도록 계속 수행하는 것.

지상의 무정(無情)과 하늘의 별들은 처음부터 오직 근본심만 가지고 있을 뿐인데 인간은 생멸하고 기멸하는 염오의 생동심을 가짐으로써 근본심의 현현이 어렵다. 그래서 수행의 바라밀이 필요한 것이다. 즉 번뇌로 오염된 망식(妄識)을 수행으로 정화하고 전환하여 바른 지혜를 증득하는 전식득지(轉識得智)[43]의 경지에 이름으로써 진심을 드러낼 수 있는 것이다.

신수와 혜능의 게송

신수(神秀, ?~706)의 게송을 보고 혜능(慧能, 638~713)이 게송을 고쳐 썼고 이를 본 홍인(弘忍, 602~675)대사가 혜능에게 법을 전했다는 일화가 있다 그러면 신수와 혜능의 게송[44]에는 어떠한 차이가 있을까?

신수의 게송
"몸은 보리수요
마음은 맑은 거울
부지런히 털고 닦아서
때 묻지 않도록 하라."

여기서 '몸은 보리수요 마음은 맑은 거울'이라고 한 것은 근본심을 나타낸 것이고, '부지런히 털고 닦아서 때 묻지 않도록 하라'는 것은 염오의 생동심을 여의라는 것이다. 결국 신수선사는 현실 세계를 유심적으로 표현한 것으로 돈오점수(頓悟漸修)[45]에 해당한다. 신수선사의 이런 사고가 현실적인 중국인에게는 더 잘 부합되었으며, 그 결과 북종선을 이끈 신수가 오늘날 중국에서 생불로 인정받는 계기가 된지도 모른다.

혜능의 게송
"보리에 나무 없고
거울 또한 거울이 아니다.

본래 한 물건도 없거니
어느 곳에 티끌 일어나랴."

혜능선사의 게송은 몸과 마음의 공성(空性)을 나타낸 것으로서 선(禪)적인 관념적 세계를 표현한 것이다. 그는 인식 대상의 존재를 부정하면서 생동심의 여읨의 단계를 뛰어넘어 단박에 근본심에 이름을 보인다. 이것이 돈오돈수(頓悟頓修)[46]의 경지이다.

(4) 삼성과 사지

① 삼성

이 세상 모든 것은 연기관계로 이루어졌다. 이런 인연 화합물로 이루어진 의타기성(依他起性)에 대해 내심(內心)의 견분이 외부 대상의 상분보다 앞서면 분별심 때문에 대상을 올바르게 인식하지 못하는 변계소집성(遍計所執性)을 일으킨다. 예를 들면 새끼줄을 뱀으로 착각하는 것은 대상을 제대로 보지 못하고 뱀일 것이라는 생각이 미리 떠오르는 견분 때문이다. 만약 제대로 보는 상분과 제대로 판단하는 견분이 모두 올바르게 작용한다면 새끼줄을 뱀으로 보지는 않을 것이다. 이 새끼줄은 짚이나 삼의 여러 가닥으로 이루어졌으며 이런 인연 화합물의 본체를 원성실성(圓成實性)이라 한다.

원효대사와 의상대사가 중국으로 유학을 가던 도중에 늦은 밤에 어느 구덩이가 파인 곳에서 머물게 되었다. 이때 목이 마른 원효대사가 주위를 살펴보니 바가지 같은 것에 물이 고여 있는 것을 보고 이를 마셨다. 다음날 아침에 원효대사는 자기가 물을 마신 그 바가

46 돈오돈수 | 번뇌 망상을 단박에 여의고 완전한 깨달음의 경지에 이르는 것.

천문학자, 우주에서 붓다를 찾다

지가 해골임을 알고 깜짝 놀랐다. 여기서 그는 세상의 모든 것은 마음의 작용임(三界唯心造)을 깨닫고 유학을 포기하고 뒤돌아왔다는 일화가 있다.

어두운 밤에 눈이 그 해골의 정체를 바르게 보지 못해 올바른 상분을 주지 못했다. 그리고 목이 마르다는 생각이 외부 대상을 물바가지로 착각하는 견분을 내게 한 것이다. 다음날 아침 밝은 상태에서 눈이 올바른 상분을 제공하고, 제8식이 이것은 해골이라는 견분을 내게 된 것이다.

이처럼 우리의 인식에서 인연화합으로 구성된 의타기성을 잘못 보면 변계소집성에 이르고 올바르게 보면 의타기성의 본체를 알 수 있다. 이들을 삼성(三性)이라 하며, 이것은 속세에서 생동심에 따라 일어나는 기본적인 인식 현상이다.

그러나 근본심의 입장에서 보면 삼성은 본래 자성이 없기 때문에 삼무성(三無性 또는 三無自性)이 된다.[47] 즉 분별성에는 고정된 자성이 없으므로 고정된 상이 존재하지 않는다. 그래서 변계소집성은 상무성(相無性 또는 相無自性)이다. 새끼줄을 잘못 보아 뱀으로 착각했지만 뱀이란 자성은 없는 것이다. 그리고 만유의 존재 그 자체가 연기적 의타성이며, 연기적 화합물은 일시적 가현(假現)으로 실체성이 없다. 즉 생도 아니고 멸도 아닌 생멸불이(生滅不異)이므로 의타기성은 생무성(生無性 또는 生無自性)이다. 새끼줄을 짚이나 삼으로 만들었지만 이들의 실체는 없는 것이다. 한편 원성실성은 근본 진리로서 아무런 모양도 없으므로 승의무성(勝義無性 또는 勝義無自性)이라 한다. 그래서 짚이나 삼에서 새끼줄이 나오든 뱀으로 보이든 이 모든 것은 진실과는 거리가 멀다는 것이다. 삼무성은

47 『해심밀경』| 서대원 옮김, 시공사, 2001, 89쪽.

삼성의 부정이라기보다는 삼성에 대한 대승적 견해이다.

② 사지

유식에서 수행을 통해 얻고자 하는 것은 사지(四智)인 성소작지(成所作智), 묘관찰지(妙觀察智), 평등성지(平等性智), 대원경지(大圓鏡智)를 성취함으로써 전식득지(轉識得智)를 얻어 해탈 열반에 이르는 것이다. 이들을 살펴보면 아래와 같다.

첫째, 성소작지는 유루(有漏)[48]의 전오식을 여읨으로써 스스로 증득하고 남을 교화하는 두 가지 이익을 만들어 내는 원(願)을 무위적으로 이루는 것으로 근본심의 무위성에 해당한다.

둘째, 묘관찰지는 제6식을 여의면 분별심의 소멸로 대상을 바르게 관찰할 수 있는 것으로 근본심의 보편성에 해당한다.

셋째, 평등성지는 제7식을 여의면 아집의 소멸로 자타(自他)가 동등한 경지에 이르러 큰 자비심을 내는 것으로 근본심의 평등성에 해당한다.

넷째, 대원경지는 제8식을 여의면 생동심의 소멸로 만상(萬象)의 진실이 바르게 비추어지는 것으로 근본심의 이완성에 해당한다.

결국 사지란 근본심에 근거하며 전식득지란 근본심의 현현으로 진여의 경지에 이름을 의미한다. 즉 자신의 부처를 밖으로 드러내 보이는 것이다. 이런 사지는 적극적인 연기관계를 통해 이루어져야 한다. 그렇지 않으면 만유의 보편성과 평등성의 깨달음에 이르기는 어렵다.

48 유루 | 번뇌. 고제(苦諦)와 집제(集諦).

천문학자, 우주에서 붓다를 찾다

(5) 여래장과 열반

여래께서 말씀하시기를 "이상하고 이상하다. 중생들이 여래의 지혜를 구족하고 있으면서도 어째서 어리석고 미혹하여 알지 못하고 보지 못하는가. 내가 마땅히 성인의 도를 가르쳐서 허망한 생각과 집착을 영원히 여의고 자기의 몸 속에서 여래의 광대한 지혜가 부처와 같아서 다름이 없음을 보게 하리라."[49]고 했다. 즉 중생의 몸에 여래의 지혜(즉 근본심)가 구족되었으나 염오의 생동심 때문에 이를 발현시키지 못한다는 것이다. 여기서 여래장(如來藏)의 존재를 암시하고 있다.

원효대사는 『금강삼매경론』에서 "여래장이라는 것은 생멸하는 사려의 상이며, 이(理)를 감추어 나타내지 않는 것이 여래장이니, 자성이 공적하여 움직이지 않는다."[50]라고 했다. 결국 여래장이란 생동심으로 둘러싸인 근본심이며, 여래의 씨앗이라고도 한다. 여래장은 불공여래장(不空如來藏), 여래장지(如來藏智)라 하며, 무상(無常), 고(苦), 무아(無我), 부정(不淨)을 지니는 전도되지 않은 불전도견(不顚倒見)으로 중생의 마음이다. 『기신론』에서는 여래장을 일심(一心)이라 한다. 생동심이 없는 식물이나 무기물의 일심은 오직 근본심일 뿐이다.

한편 『승만경』에서는 "죽는다는 것은 갖가지 근이 무너짐을, 난다는 것은 갖가지 근이 새로 일어남을 말하는 것이지 여래장이 나고 죽는 것은 아닙니다."[51]라고 했다. 여기서 여래장은 근본심으로 새로 나고 죽는 것이 아니다. 나고 죽는 것은 육근(六根)에 따른 생동심이다.

49 『화엄의 세계』 | 해주스님, 민족사, 2005, 121쪽.
50 『금강삼매경론』 | 은정희 · 송진현 역주, 일지사, 2002, 159쪽.
51 『승만경, 여래장경, 부증불감경』 | 이인혜 옮김, 시공사, 2002, 182쪽.

경(經)에서 "그러나 여래는 참으로 세상에 출현하심도 없고 열반하심도 없다. 왜냐하면 여래는 항상 청정한 법계에 항상 계시면서 중생의 마음을 따라서 열반을 나타내시기 때문이다."라고 했다.[52] 여래라 불리는 근본심은 무시이래로 우주의 존재와 함께 하는 물질의 속성으로 우주심이다. 이것은 부처의 탄생과 함께 나타나고 또 열반과 함께 우주로 되돌아간다. 그래서 이런 우주심은 생멸이 없이 상존하는 청정심으로 법계에 두루 한다. 단지 이런 우주심이 인간이 살아 있는 동안 강한 염오의 생동심에 싸여서 그 성질을 잘 나타내지 못할 뿐인데 열반을 통해서 염오의 생동심이 소멸되면서 근본심이 드러나는 것이다. 따라서 여래는 바로 근본심인 우주심의 현현이다.

생동심을 완전히 여의며 해탈할 경우는 근본심이 발현하는 열반(무여열반)에 이른다. 이 상태는 공여래장(空如來藏)[53]이며 여래공지(如來空智)[54]이고, 상·락·아·정(常樂我淨)이 나타나는 부처의 경지다. 천태종(天台宗)에서는 이것을 일념삼천(一念三千 : 중생의 마음속에 만유가 갖추어져 있다)의 경지라 한다. 전도견(顚倒見)으로서의 상(常)은 무상의 윤회의 손멸(損滅)이고, 낙(樂)은 고멸(苦滅)을 증득함이며, 아(我)는 무아의 희론을 적멸함이고, 정(淨)은 미세한 습기(習氣)[55]를 버림이다.[56]

『열반경』에서 "나란 것은 곧 부처란 뜻이고, 항상하다는 것은 법신이란 뜻이고, 즐겁다는 것은 열반이란 뜻이고, 깨끗하다는 것은 법이란 뜻이다."[57] 그리고 "여래는 이미 함이 있는 법을 끊었으므로 머물지 않느니라. 머문다 함은 공한 법을 말한 것인데, 여래는 이미

52 『화엄의 세계』│해주스님, 민족사, 2005, 123쪽.
53 공여래장│모든 부처님이 증득한 청정법신의 체(體).
54 여래공지│여래의 궁극적 진리를 뜻한다.
55 습기│종자(種子). 경험적 행위에 의해 남겨지는 훈습(薰習)된 기분.
56 『여래장사상』│평천창 지음·종호 옮김, 경서원, 1996, 96쪽.
57 『열반경』│이운허 옮김, 동국역경원, 2004, 50쪽.

천문학자, 우주에서 붓다를 찾다

공한 법을 끊었으므로 항상하고 즐겁고 나이고 깨끗함을 얻었거늘, 어찌하여 여래가 머물기를 원한다고 하는가.”[58]라고 했다. 여기서 상(법신)·락(열반)·아(부처)·정(법)은 출세간법이고, 무상·고·무아·부정은 세간법이다. 그리고 근본심을 현현하는 여래는 유위법을 벗어나 무위법을 따르며 해탈 열반했으므로 상·락·아·정을 따를 뿐이다. 그러니 세속의 연기법을 따르는 생동심에 집착하여 머무는 바가 없는 것이다.

『중론』에 따르면 ‘해탈이란 행위(업)와 악의 뿌리(번뇌)를 지멸시키는 것이다. 업과 번뇌는 분별에서 일어나고, 이 분별은 희론(戱論)에서 일어난다. 희론은 공성을 앎으로써 사라진다.’ 업이나 분별은 생동심에서 일어난다. 이런 염오의 생동심을 여읨으로써 연기에 따른 섭리, 즉 근본심을 발현시킬 수 있다. 여기서 공성이란 연기성뿐만 아니라 만유의 존재 본질의 속성인 무위성, 보편성, 평등성, 이완성 등의 궁극적 진리를 뜻한다. 이러한 해탈에 의해 열반에 이른다.

불교 이전에는 열반이 전체 우주 안에서 개인이 해체(解體)되는 의미로 열반이 사용되었다.[59] 열반을 근본심, 즉 우주심의 현현으로 볼 때 자아인 개체의 해체로 생동심이 완전히 사라지는 것이다. 이런 점에서 열반의 일반적 개념은 불교 이전에 사용되었던 것과 오히려 일치한다. 불교에서는 이런 경우가 무여열반이다.

원효대사는 『열반종요』에서 열반의 10가지 뜻을 언급했다.[60]

즉 열반이란 멸하지 않는 것, 가려지지 않은 것, 오는 것도 가는 것도 아닌 것, 취하지 않는 것, 결정적이고 안정적인 것, 새것도 낡

58 『열반경』│이운허 옮김, 동국역경원, 2004, 676쪽.
59 『열반의 개념』│데오도로 체르바스키 지음·연암종서 옮김, 경서원, 1994, 98쪽.
60 『열반종요강의』│이기영, 한국불교연구원, 2005, 89쪽.

은 것도 아닌 것, 장애가 없는 것, 영원히 존재하는 것, 잡되지 않은 것, 고통이 없는 것 등이다.

한편 체르바스키는 열반의 개념을 5가지로 정의했다.[61]

첫째, 열반은 시작도, 변화도, 사멸도 없다. 열반은 무사(無死)이다. 그래서 근본심은 우주심으로 항상(恒常)하다

둘째, 열반은 감각적 욕망에 대한 완전한 소멸이 있을 때에만 가능하다. 열반은 자기 스스로 깨달아야 한다. 감각적 작용은 생동심의 발현이다.

셋째, 열반에 이르는 것은 개인적 자아가 소멸할 때만 가능하다. 여기서 자아란 생동심에 근거한 아(我)이다.

넷째, 열반은 이해를 넘어선 평화이므로 우주심은 인간의 이성을 초월한 만유의 속성이다.

다섯째, 열반은 영원한 안정성을 부여한다. 그래서 우주심은 가장 안정된 만유의 속성이다.

『열반경종요』에서 "선남자야, 열반이라 이름하는 것은 대열반이 아니다. 어째서 열반이 대열반이 아닌가. 불성을 보지 못하고서 번뇌를 단제하는 그것을 가리켜 열반이 대열반이 아니라고 이름한다. 불성을 보지 못한 까닭에 상(常)도 없고 아(我)도 없으며 오직 낙(樂)과 정(淨)뿐이다. 이런 뜻에서 비록 번뇌를 단제하기는 했어도 그것을 대반열반(大般涅槃)이라 이름하지 못한다. 만약 불성을 보고서 번뇌를 단제했다면 그것은 곧 대반열반(大般涅槃)이라 이름한다. 불성을 봄으로써 상·락·아·정이라 이름하기 때문이다."[62]라고 했다. 그리고 『열반경』에서 "공한 것은 일체 생사요, 공하지 않

61 『열반의 개념』│데오도로 체르바스키 지음·연암종서 옮김, 경서원, 1994, 50쪽.
62 『열반경종요』│원효 지음·김호귀 역주, 도서출판 석란, 2005, 33쪽.

은 것은 대열반이다."[63]라고 했다. 즉 대열반은 불공(不空)이다.

염오의 생동심을 여의고 다시 일어나지 않는 것이 열반이다. 이때 미세한 아뢰야식이 남은 상태에서 근본심이 제대로 현현치 못하면 대반열반(또는 대열반)이 못 되고 그냥 열반이라 하는데 이것이 곧 유여열반(有餘涅槃)이다. 이 경우는 낙과 정만 있을 뿐이다. 대열반이란 미세한 아뢰야식마저 여의고 오직 근본심의 여래를 현현하는 것으로 무여열반(無餘涅槃)에 해당한다. 그리고 상·락·아·정의 경지는 바로 대열반의 경지이다. 유여열반은 무여열반에 이르는 한 과정이다.

이러한 상·락·아·정의 경지가 계·정·혜를 통해 어떻게 이루어지는가를 『열반경』에서 다음과 같이 설명하고 있다. "선남자여, 계를 닦는 것은 몸이 고요하기 위함이요, 삼매를 닦는 것은 마음이 고요하기 위함이요, 지혜를 닦는 것은 의심을 깨뜨리기 위함이요, 의심을 깨뜨림은 도를 닦아 익히기 위함이요, 도를 닦음은 불성을 보기 위함이요, 불성을 보는 것은 아뇩다라삼먁삼보리[64]를 얻기 위함이요, 아뇩다라삼먁삼보리를 얻음은 위없는 대열반을 얻기 위함이요, 대열반을 얻음은 중생들의 모든 생사와 온갖 번뇌와 모든 유(有)와 모든 경계와 모든 진리(諦)를 끊기 위함이며, 생사를 끊고 내지 모든 진리를 끊는 것은 항상하고 즐겁고 나이고 깨끗한 법을 얻기 위함이니라."[65]

용수(龍樹)에 따르면 열반이란 무엇이 끝나는 것도 아니고, 어디엔가 도달하는 것도 아니다. 단지 잘못된 견해들이 사라지는 것이

63 『열반경』 | 이운허 옮김, 동국역경원, 2004, 587쪽.
64 아뇩다라삼먁삼보리 | 위없이 바른 평등과 바른 깨달음(無上正等正覺).
65 『열반경』 | 이운허 옮김, 동국역경원, 2004, 645쪽.

지, 실제로 무엇인가 생성되는 것은 아니다. 절대는 언제나 한결같은 성질을 갖고 있다. 결국 득도했다는 의식도 역시 주관적인 것이다.[66] 그리고 오고감의 성질, 생기고 없어지는 성질이 그 자체로서 조건적 모습인데 그 자체가 열반이요 비조건적 모습이다.[67] 열반이란 버려지는 것도 아니고 획득되는 것도 아닌 그 무엇, 단멸도 아니고 상주도 아닌 그 무엇이다. 파괴되는 것도 아니고 창출되는 것도 아닌 그 무엇이다.[68]

결국 열반은 없던 것이 생겨나거나 상주(常住), 단멸하는 것도 아니고, 창출되거나 파괴되는 것도 아니고, 오고 감도 아니며, 또한 없어지는 것도 아니고 영원한 것도 아니다. 오직 그릇된 염오의 생동심을 여읠 뿐이다. 열반이란 언제나 한결같이 지니고 있던 것이 현현하는 것이므로 득도(得道)라고 말할 수 없다. 오히려 득도라고 한다면 자신의 주관적인 염오의 생동심이 발현하는 것이므로 득도가 아니라 도(道)를 잃어버리는 실도(失道)가 된다.

원효대사는 "열반이라는 도는 지극히 가깝고 지극히 멀다는 것을. 이 도를 증득한 사람은 굉장히 고요한가 하면 또한 굉장히 시끄럽기도 하다."[69]고 했다. 열반이란 무위자연과 합일한 상태이므로 가까운 것, 먼 것 모두 포함되며, 또한 지극히 현실적인 것으로 적극적이고 무위적인 연기과정에서 일어나므로 시끄럽기도 하고 조용하기도 한 것이다. 만약 계속 조용하기를 원한다면 이것은 유위적인 것으로 한쪽 극단에 치우쳐서 진정한 열반이 못 된다.

생동심으로 일어나는 고(苦)는 동적(動的) 상태이나 염오의 생동심의 여읨은 멸도(滅道) 즉 열반의 적정(靜的) 상태로 보는 것이 보통이다.[70] 그러나 대승은 소승과 같이 열반에 머물지 않고 중생을

66 『불교의 중심철학』| 무르띠 지음 · 김성철 옮김, 경서원, 1999, 435쪽.
67 『중론』| 용수 지음 · 박인성 옮김, 주민출판사, 2001, 25장 9.
68 『중론』| 용수 지음 · 박인성 옮김, 주민출판사, 2001, 25장 3.
69 『열반종요강의』| 이기영, 한국불교연구원, 2005, 21쪽.
70 『불교논리학 I』| 데오도르 체바스키 지음 · 임옥균 옮김, 경서원, 2005, 29쪽.

천문학자, 우주에서 붓다를 찾다

위해 대자비(大慈悲)를 베푼다.[71] 그래서 원효대사는 세속에서 깨달음의 상태를 유지하면서 중생을 이롭게 하는 요익중생(饒益衆生)을 실천해야 하므로 도를 증득한 사람은 고요한 정적 상태뿐만 아니라 시끄러운 동적 상태에서도 중생제도가 지속되어야 한다고 본 것이다. 이런 사상(思想)을 직접 실천한 사람이 신라의 원효대사이다.

한편 대혜종고(大慧宗杲, 1089~1163)는 『서장(書狀)』에서 "만약 고요한 곳을 옳게 여기고 시끄러운 곳을 그르게 여긴다면 이것은 세간상(世間相)[72]을 버리고 실상(實相)을 구하는 것이며 생멸을 떠나서 적멸(寂滅)을 구하는 것입니다. 고요함을 좋아하고 시끄러움을 싫어할 때에 바로 좋게 힘을 써야 합니다. 문득 시끄러움 속에서 고요한 때의 소식으로 뒤집으면 그 힘이 대나무 의자나 방석 위에 앉아 하는 공부보다 천만 억 배나 강할 것입니다."[73]라고 했다. 참선 수행에서 고요함과 시끄러움을 분별치 말고 이들을 초월하고 또 시끄러움 속에서 고요함을 찾을 때 비로소 속제에서 진제를 그리고 진제에서 속제를 찾을 수 있는 것이다.

『승만경』에서 "열반을 상(常)이라고 보는 것이 상견(常見)이니, 정견(正見)이 아니다."[74]라고 했다. 생동심을 여의고 근본심을 드러내는 것이 열반에 이르는 것이다. 그런데 근본심이 한번 드러나도 언제나 그 상태가 유지되는 것이 아니다. 왜냐하면 생동심이 항상 틈만 생기면(외부 경계와 접하면) 다시 살아나서 근본심을 오염시키기 때문이다. 이런 관점에서 열반을 상견으로 생각하는 것은 올바른 견해가 아니다. 이 뜻은 한번 깨달음이 영원히 계속될 수 없

71 『깨달음에 이르는 길』| 총카파 지음 · 청전 옮김, 지영사, 2005, 395쪽.
72 세간상 | 세속적인 번뇌의 세계.
73 『書狀』| 大慧宗杲 원저, 고우 감수, 전재강 역주, 운주사, 2004, 73쪽.
74 『승만경강의』| 이기영, 한국불교연구원, 2002, 193쪽.

다는 것이다. 그런 점에서 깨달음은 돈오점수(頓悟漸修)인 것이다. 즉 깨달음의 상태를 유지하기 위해 꾸준히 생동심을 여의도록 수행을 쌓아가야 한다. 사실은 지리이타를 행하며 세속에서 깨달음에 이르는 노력보다 돈오점수를 지속시키는 것이 더욱 어려운 수행이다.

『유마경』에서 천녀는 "왜냐하면 무언가를 얻었다, 깨달았다 하는 사람은 부처님 법에 대해 증상만(增上慢)에 사로잡힌 사람이기 때문입니다."[75]라고 답했다. 한편 『원각경』에서는 깨달은 마음을 잊지 못하거나 깨달은 마음이 아직 남아 있다면 번뇌의 씨앗이 되는 아상(我相)과 인상(人相)[76]을 가지게 된다고 했다.[77] 결국 깨달았다, 얻었다고 하는 것은 깨달음이란 목표를 달성했다는 데서 생기는 강한 집착심 때문에 교만한 상을 심게 된다는 것이다. 그러므로 실은 깨달은 것이 못 된다. 얻어도 얻은 줄 모르고 깨달아도 깨달은 줄 모르면서 요익중생을 해야 한다. 그래서 여여(如如)[78]해야 하는 것이다.

용수는 윤회와 열반은 조금도 차이가 없다고 했다.[79] 열반은 염오의 생동심의 여읨에 따른 근본심의 현현이다. 이것은 우주 생명체의 본성인 우주심으로 사후 다음 생명의 씨앗이 된다. 따라서 윤회란 우주적 생의가 염오의 생동심을 벗어나 다시 우주적 생의로 되돌아간다는 것이다. 이런 점에서 열반이 윤회와 같다는 것은 본래부터 지니고 온 우주심이 다시 우주심으로 현현하여 본래대로 되돌아간다는 우주심의 윤회 즉 순환을 뜻한다. 그러므로 무여열반은 마음의 변화 상태라기보다는 존재의 다른 차원이다. 즉 염오의 생

75 『유마경강의』| 이기영, 한국불교연구원, 2000, 하권, 63쪽.
76 아상 | 나에 대한 관념. 나를 내세우며 남을 업신여김.
인상 | 너와 나의 상대적 관념. 남을 공경치 않음.
77 『한글원각경』| 함허 득통 주해 · 원순 풀이, 도서출판 법공양, 2002, 299쪽.
78 여여 | 생멸 변화가 없는 무위적 진여의 상태. 그렇고 그렇게 있는 것. 열반의 경지.
79 『중론송』| 용수 지음 · 황산덕 역해, 서문당, 1996, 25장 19.

천문학자, 우주에서 붓다를 찾다

동심을 여읜 근본심으로서 우주적 존재로 되돌아가는 것이다.

　그런데 보통은 열반을 존재론적으로 이해하지 말라고 한다.[80] 그래서 열반을 단순히 탐진치에 따른 염오심의 여읨으로 본다. 또는 "열반은 명백하게 초월적이며, 논리적 사고에 의해서 인식될 수 없다."[81]고 한다. 이 경우는 깨달음이나 열반에 든 사람을 비존재로 보면서 현실과 단절된 신비적 상태에 두려는 것과 같다. 그러면 몸은 현실적 존재이면서 마음은 비현실적 존재가 되는 모순을 안게 된다. 그리고 진제(眞諦)[82]는 속제(俗諦)에 있고 속제는 진제에 있다는 불법을 어기므로 자리이타를 통한 요익중생(饒益衆生)은 불가능하게 된다. 그러므로 구도(求道)와 교화(敎化)로 자리이타를 근본으로 하는 대승적 열반은 존재론적이며 현실적이 되어야 한다.

　또한 존재는 연기성의 한 양식이며, 존재의 이중적 동거성에서 어느 쪽에도 치우치지 않는 것이 중도(中道)이다. 따라서 열반이 불교의 근본인 중도사상을 벗어나지 않는다면 열반은 존재론적이 되어야 한다.

　한편 『중론』에서 "생과 멸을 끊는 것에 대해 스승께서 말씀하셨네. 그러므로 열반은 유도 아니고 무도 아니라는 것을 아네."[83]라고 했다. 그리고 용수는 "획득되지도 않고 도달되지도 않으며 단멸하지도 않고 상주하지도 않으며 발생하지도 않고 소멸하지도 않는 것을 열반이라 이름하네."[84]라고 열반을 정의했다. 결국 무위는 생멸의 연기관계가 없는 것이므로 열반은 함이 없는 무위(無爲)로서 존재도 아니고 비존재도 아니라는 것이다.

　그러나 앞서 살펴본 것처럼 열반을 번뇌 망상을 일으키는 염오의

80 『아비담마 길라잡이』 | 대림스님 · 각묵스님 공동 번역 및 주해, 2004, 98쪽.
81 『인도불교사상사』 | 에드워드 콘즈 지음, 안성두 · 주민황 옮김, 민족사, 1994, 84쪽.
82 진제 | 궁극적 진리로 승의제(勝義諦)라고도 한다. 진여.
속제 | 세속적인 진리. 세간에 가설(假設)한 여러 가지 가르침.
83 『중론』 | 용수 지음 · 박인성 옮김, 주민출판사, 2001, 제25장 10.
84 『중론』 | 용수 지음 · 박인성 옮김, 주민출판사, 2001, 제25장 3.

생동심을 여읜 근본심의 현현으로 정의하면 이 근본심은 열반에서 물질의 근본 속성인 우주심으로서 존재한다. 이 우주심은 생성 소멸하는 것이 아니라 무시이래로 우주와 함께 존재하며 순환한다. 그러므로 열반은 무위의 신비적 관념의 대상이 아니라 존재론적이어야 한다.

『유마경』에서 "왜냐하면 제불(諸佛)께서는 일체 중생이 궁극적으로 적멸이며, 그대로 열반이며, 다시 멸하는 일이 없음을 알고 계시기 때문입니다."[85]라고 말했다. 즉 중생이 궁극적으로 열반에 들어 있으므로 다시 열반에 들어가는 일이 없다는 것이다. 이것은 중생의 마음에 청정한 근본심이 존재한다는 것을 뜻한다. 왜냐하면 중생은 본래부터 근본심을 지니고 있으므로 염오의 생동심만 여의면 근본심이 현현하여 열반에 이르기 때문이다. 따라서 별도의 열반이 필요치 않다.

모든 번뇌 망상의 염오의 생동심을 여의고 미세한 본능적 생동심(아뢰야식)과 근본심을 가진 경우가 유여열반(有餘涅槃) 상태이다. 이것은 비상비비상처(非想非非想處)[86]에 이르는 인식 단계로서 인식이 있는 것도 아니고 없는 것도 아닌 상태로 대체로 근본심에 의한 인식 기준으로 나타난다. 즉 물질의 고유한 본성에 기인하므로 유의적인 제8식에 의한 인식이 뚜렷하지 못하게 된다. 이것은 육신이 존재하며 생(生)을 지니고 있는 깨침의 상태이다. 이에 비해 미세한 본능적 생동심마저 완전히 여의는 상태에서는 오직 근본심만 남는다. 이 상태가 무여열반(無餘涅槃)이다. 이것은 생사를 끊은 상태이므로 엄격히 말하면 유여열반을 거쳐 죽음에 이르는 상태이다.

85 『유마경강의』| 이기영, 한국불교연구원, 2000, 상권, 245쪽.
86 비상비비상처 | 표상(表象)이 있는 것도 아니고, 표상이 없는 것도 아닌 삼매의 경지.
식처(識處)의 유상(有想)도 여의고 무소유처의 무상(無想)도 여읜 경지.

천문학자, 우주에서 붓다를 찾다

생존해 있다는 것은 숨을 쉬고 양식을 취하며 신진대사를 한다는 것이다. 따라서 연기관계를 계속하게 되므로 유여열반은 세속의 연기성을 벗어날 수 없다. 그런데 무여열반은 죽음으로 세속적 연기성과 무관하게 되므로 근본심은 오직 사후의 잔해가 지니는 물질의 속성을 나타내는 우주심이 된다. 결국 우주심을 지니는 유형의 만물은 존재하다가 무형으로 사라지면 다시 우주심으로 되돌아가는 윤회 즉 순환을 한다. 보통 열반(nirvana)은 진화의 영원한 그침, 즉 영원한 죽음으로 본다. 그러나 이 열반은 무여열반으로 영원한 죽음이 아니라 새로운 생의 씨앗이 되는 새로운 연기 관계로 이어진다.

인간의 삶도 마찬가지다. 단지 인간은 생동심의 마음과 근본심의 마음이란 두 가지 마음을 가지고 있다. 태어날 때는 근본심이 우세하지만 살아가면서 생동심이 활발하게 성장하고 이에 따라 다양한 번뇌 망상의 염오식이 만들어진다. 그래서 근본심의 마음을 숨긴 채 주로 생동심으로 살아간다. 그러다가 임종을 맞아 죽게 되면 생동심이 완전히 소멸된다. 그렇다고 해서 이 사람이 무여열반에 들었다는 것은 아니다. 왜냐하면 유여열반을 이루지 못하면 무여열반에 이를 수 없기 때문이다.

누구나 죽은 후 잔해에는 청정한 근본심만 남는데 이것이 곧 우주심이다. 이것은 특정한 열반과는 무관하다. 앞서 살펴본 것처럼 불교 이전에는 개체의 해체인 죽음을 열반에 이른다고 했다. 죽은 잔해에는 성인(聖人)도 없고 범부도 없고, 선인(善人)도 없고 악인(惡人)도 없다. 별이 죽으면서 흩뿌린 잔해에서 새로운 별이 탄생하여 우주를 밝히듯이, 인간도 죽은 후 남은 잔해에서 새로운 생명이 탄생되어 화엄세계를 영구히 이어가도록 자비를 베풀며 순환한다. 여기서 우리는 우주심으로서 근본심을 남기는 죽음이 얼마나 청정하며 신성한 것인가를 알 수 있다. 그런데 왜 우리는 죽음 앞에서 몸부림치며 요란스럽게 울부짖어야 하는가? 이것은 산 자의 집착에 따른 생동심의 발로일 뿐이다.

불교는 부정(否定)의 종교이다. 불교에서 가장 기본적이며 중요한 고(苦)도 낙(樂)에 대한 부정이고, 염오는 청정에 대한 부정이다. 이런 부정을 긍정으로 만들어 가는 것이 불교의 근본 원리이다. 공성(空性)도 이러한 맥락에서 생긴 것이다. 생동심과 근본심을 가진 중생의 마음에서는 무아, 무상, 고, 부정(不淨)이 나타나지만, 해탈한 대열반에서는 이런 부정(否定)이 긍정으로 되어 상·락·아·정으로 바뀐다. 즉 부정이 긍정으로 끌어올려진다.

한편 부정과 긍정이 분리되지 않고 융합되기 때문에 불교에서 부정은 배척되는 것이 아니라 통합을 위한 부정일 뿐이다. 이것이 바로 화엄의 세계이다. 부정과 긍정을 통합한다 함은 부정과 긍정이 이중적 동거성을 지닌 존재성의 본성을 뜻한다. 이런 점에서 불교는 만유의 존재 본질을 추구하는 존재의 원리를 따라 존재의 가치를 구현하고자 하는 종교이다. 특별한 수행을 통해 얻어지는 비존재적인 신비 세계의 추구는 외도적(外道的)인 것으로 적어도 대승불교에서는 허용되지 않는다.

에리히 프롬은 종교체험은 존재의 신비나 우주와의 합일 같은 신비체험을 바탕으로 한다고 했다.[87] 그러나 존재는 연기관계의 한 양식일 뿐이며, 그리고 우주 만물은 우주적 존재 원리에 따라서 적합한 여건이 주어지면 언제나 알맞은 사물의 존재가 발현 가능하다.

87 『에리히 프롬과의 대화』
| 박찬국 지음, 철학과 현실
사, 2001, 225쪽.

또한 우주와의 합일사상은 사사무애와 이사무애에 따른 화엄사상에 기반을 둔 우주적 연기사상에 근거한다. 그러므로 우주적 불교체험은 단순한 신비체험이 아니라 현실적이며 존재론적 체험이다.

(6) 열반 삼덕

열반이란 생동심의 여읨에 따른 근본심의 발현이고, 근본심은 바로 우주심이므로 열반 상태는 바로 우주와 합일하는 것이다. 대열반은 대보리와 일체지를 증득한 열반을 뜻한다.

열반은 삼덕(三德 또는 三事)이라는 법신, 반야, 해탈 등의 세 가지 구성요소를 지닌다. 그래서 반야지혜(理에 대한 일체지의 증득)가 있어야만 해탈한(염오의 생동심을 여읜) 법신(근본심)이 광명변조(光明遍照)[88]로 비로자나불[89]이 될 수 있다. 반야지혜[90]가 없는 깨달음은 비로자나불이 되지 못한다.

『화엄경』의 「십지품」에서 해경(解境)[91]의 열 부처님을 통해서 반야덕(般若德)을 보인다.

"이 보살은 중생의 몸을 알고 국토의 몸을 알고 업보의 몸을 알고 성문의 몸을 알고 벽지불의 몸을 알고 보살의 몸을 알고 여래의 몸을 알고 지혜의 몸을 알고 법의 몸을 알고 허공의 몸을 안다."[92] 여기서 열 가지 몸은 지해(智解)[93]로 법계를 볼 때 만유를 10종의 불신(佛身)으로 나누었다. 즉 해경십불은 중생신, 국토신, 업보신, 성문신, 연각신, 보살신, 여래신, 지신(智身)[94], 법신, 허공신(虛空身)[95] 등이다. 이들은 모두 여래의 지혜가 살피는 다양한 경계이다.

88 광명변조 | 아미타불의 공덕의 광명이 무량세계의 중생을 두루 비추어 가호하는 것. 부처님 덕의 빛이 골고루 미치는 것.
89 비로자나불 | 무량 공덕을 닦아 정각(正覺)을 얻는 연화장세계의 제일 높은 부처. 화엄세계의 궁극적 진리.
90 반야지혜 | 법의 실다운 이치에 계합한 최상의 지혜.
91 해경 | 깨달음의 경지.
92 『화엄종관행문』 | 대한불교조계종교육원편, 조계종출판사, 2001, 230~231쪽.
93 지해 | 보통 사람의 지식에 의한 이해.
94 지신 | 완전한 지혜의 불신.
95 허공신 | 허공 그대로가 불신이다.

그리고 『화엄경』의 「이세간품」에서 보살이 수행을 성취해서 얻는 행경(行境)[96]의 열 부처님의 해탈덕(解脫德)을 보인다.

"보살마하살은 열 가지로 부처님을 뵙게 되니 어떤 것이 열 가지인가. 이른바 집착 없는 부처이니 세간에 편히 머물러 바른 깨달음을 이루기 때문이고, 원의 부처이니 세상에 나오기 때문이며, 업보의 부처이니 믿기 때문이고, 머물러 지님의 부처이니 중생을 따르기 때문이며, 열반의 부처이니 길이 멸도하기 때문이며, 법계의 부처이니 이르지 못한 곳이 없기 때문이며, 마음의 부처이니 편히 머물기 때문이고, 삼매의 부처이니 한량없고 집착 없기 때문이며, 성품의 부처이니 결정되기 때문이고, 뜻과 같은 부처이니 널리 덮어주기 때문이다. 불자여, 이것을 보살마하살이 열 가지로 부처님을 뵘이라 한다."

여기서 행경십불은 정각불(正覺佛), 원불(願佛), 주지불(住持佛), 화불(化佛), 열반불, 법계불, 심불(心佛), 삼매불, 성불(性佛), 여의불(如意佛) 등이다.

『화엄경』에는 수많은 부처와 보살들이 등장한다. 이것은 대승 불교의 특징이다. 여기서 부처나 보살은 단순한 믿음의 대상이 아니라 어떤 상태나 대상에 대한 상징성을 띠고 있다. 예를 들면 관세음보살은 대자대비의 상징이고, 문수보살은 지혜의 상징이며, 보현보살은 보현행의 상징이다. 위에서 보여준 해경의 십불이나 행경의 십불도 각각 반야지혜와 해탈을 나타내는 상징적 부처들이다. 즉 반야의 대상이 무엇이며, 해탈의 과정이 어떠한가를 보이고 있는 것이다.

96 행경 | 수행의 경지.

(7) 돈수와 점수

한 번 열반에 이르면 이것은 항상(恒常)한가 무상(無常)한가?

번뇌 망상을 일으키는 염오의 생동심을 여의면 저절로 근본심이 드러나며 유여열반에 이른다. 그러나 반야지혜가 없으면 근본심에서 광명변조의 비로자나불이 현현하지 못한다. 광명변조의 유여열반에 이르렀다고 해도 제8식에 의한 연기성 때문에 만약 억눌려 있던 미세한 염오의 생동심이 어떠한 계기로 되살아나면 열반 상태는 사라질 수 있다.

〈그림18〉에서 연꽃은 자라면서 많은 잎을 만들어 낸다. 시간이 지나면 꽃잎은 옆으로 벌어지면서 점차 안쪽의 꽃술대를 드러내게 된다. 연꽃의 경우는 언젠가 모든 꽃잎이 떨어지고 중심의 꽃대와 연밥이 남게 된다. 연꽃을 마음에 비유하면 꽃잎은 다양한 생동심에 해당하고, 연꽃 속에 있는 꽃술대는 청정한 근본심에 해당한다. 꽃잎이 벌어지거나 떨어진다는 것은 염오의 생동심을 억제하거나 여읜다는 것이고, 꽃잎이 오므려진다는 것은 생동심이 다시 일어난다는 뜻이다.

이와 마찬가지로 한 번 깨달음으로 얻어진 유여열반도 어떤 이유로 약간의 생동심만 생겨도 열반 상태는 흐트러지며 지속되지 못한다. 그러므로 깨달음에 이르는 유여열반은 보조국사가 지적한 것처럼 돈오점수로써 수행을 계속 쌓아 가면서 깨달음을 유지하도록 해야 하는 것이 바람직하다.

지금까지의 논의에 따르면 돈오(頓悟)는 근본심의 존재를 깨달

[그림18] 연꽃과 마음 | 연꽃이 처음 작은 봉오리를 보이다가 점차 커져가면서 많은 잎을 보인다. 그리고 가운데서 꽃술이 나온다. 그러다가 잎이 떨어지면서 마지막에는 꽃대와 꽃밥을 남겨두고 연꽃의 일생이 끝난다.

고 이를 현현하는 것이다. 여기서 깨닫는다는 것은 꾸준한 수행의 양(量)이 급격히 증가되면서 새로운 마음의 질(質)로 바뀌어지는 상태를 뜻한다. 즉 정신적 혁명이 일어나는 것이다. 수행이 느슨하게 이루어지거나 연속적이지 못한 경우에는 결코 이런 단절적 상승 변화 상태인 깨달음이 유발될 수가 없다. 따라서 돈오(頓悟)도 결국은 먼저 닦음을 통해서 일어나는 깨달음인 수선오후(修先悟後)인 셈이다.

돈수(頓修)는 단박에 염오의 생동심을 완전히 여의는 것이다. 그리고 점수(漸修)는 자신의 고(苦)를 알고 이에 따른 염오의 생동심을 여의려고 계속 노력해 가는 것이다. 그러므로 돈오돈수는 염오의 생동심을 단박에 완전히 여의고 근본심이 현현하는 것으로 다시는 염오의 생동심이 생기지 않는다는 것이다. 이에 반해 돈오점수에서는 근본심을 발현할 수 있도록 계속해서 염오의 생동심을 여의려고 노력하는 것이다. 즉 단박에 깨치고 끝나는 것이 아니라 끊임없는 수행을 통해서 염오의 생동심이 생길 때마다 이를 여의려고 계속 노력하는 것이다.

『열반경』에서 "선남자여, 번뇌를 끊는 것은 열반이라 하지 않고 번뇌가 생기지 않음을 열반이라 하나니, 선남자여, 부처님 여래는 번뇌가 일어나지 않으므로 열반이라 이름하느니라."[97]고 했다. 번뇌란 나무 자르듯이 끊을 수 있는 것이 아니라 번뇌를 일으키는 생동심을 억제하고 여읨으로써 번뇌의 씨앗이 되는 들뜬 마음이 일어나지 않게 하는 것이다. 따라서 인간이라는 속성을 나타내는 염오의 생동심을 억제하며 여읨으로써 번뇌가 일어나지 않도록 하기 위해서는 끊임없는 수행이 필요한 것이다. 왜냐하면 인간이 살아 있는 한 유전된 것이나 훈습된 미세한 생동심이 아뢰야식에 존재하며

97 『열반경』 | 이운허 옮김, 동국역경원, 2004, 555쪽.

이것을 완전히 제거할 수는 없기 때문이다.

선종(禪宗)에서는 돈오돈수가 깨달음의 본체에 직접 이르는 올바른 수행법이고, 돈오점수는 교종(敎宗)에서 방편으로 쓰는 수행법으로 올바른 깨달음에 이를 수 없다고 본다.[98][99] 그래서 선종의 돈오는 증오(證悟)이고, 교종의 점오(漸悟)는 해오(解悟)라고도 한다.[100] 그리고 돈오돈수는 완전한 깨달음을 절대적인 영원한 세계로 본다. 그래서 경험적 인식에 근거한 일체의 언설(言說)이 허용되지 않는다. 오직 신비적 직관만이 가능하다. 이에 반해 돈오점수는 열반을 생멸이 존재하는 현실 세계로 본다.

한편 선종에서는 경이나 논을 통해서 얻는 지식의 이해를 알음알이(知解)라고 폄하하기도 한다. 그런데 대혜종고(大慧宗杲)선사는 "옛날 큰 지혜를 가진 삶은 알음알이로 짝을 삼고 알음알이로 방편을 삼지 아니함이 없었습니다. 알음알이 위에서 평등한 자비를 행하며, 알음알이 위에서 모든 불사(佛事)를 짓되, 용이 물을 얻은 것과 같고 호랑이가 산을 의지한 것과 같아서 마침내 이것으로 번뇌를 삼지 않았습니다. 그는 알음알이가 일어나는 곳을 알았기 때문입니다. 이미 일어나는 곳을 알았으면, 곧 이 알음알이는 문득 해탈의 장소이며 곧 생사를 벗어난 곳입니다."[101]라고 했다. 올바른 반야지혜는 깨달음의 첩경이며, 그리고 염오의 생동심을 일으키지 않는다면 알음알이는 자비 실천의 좋은 방편이 될 수 있다.

지눌스님이나 종밀선사의 돈오점수 사상에는 돈오를 선수행(禪修行)을 근거로 한 것으로서 현실적 세계를 직시한 것으로 볼 수 있

98 『퇴옹성철의 깨달음과 수행』 | 조성택 편, 예원서원, 2006, 300쪽, '한국불교 현실에 대한 성철의 대응과 돈오돈수' /김종인.
99 『칸트와 불교』 | 김진 지음, 철학과 현실사, 2004, '한국불교의 돈점논쟁' 참조.
100 증오 | 이해와 동시에 완전히 몸에 익히는 것.
해오 | 도리를 깨달아 아는 것.
101 『書狀』 | 大慧宗杲 원저, 고우 감수, 전재강 역주, 운주사, 2004, 109쪽.

천문학자, 우주에서 붓다를 찾다

다.[102] 그리고 점수에는 자리(自利)의 구도(求道)에 따른 단순한 깨달음의 수행만이 아니라 이타(利他)의 교화(敎化)에 따른 요익중생을 위한 보살행이 내포되어 있다.[103]

한편 김진은 『칸트와 불교』에서 "불교의 선수행에서 돈오점수설은 칸트의 최고선 수행에서의 신성성(神聖性)을 향한 무한진행 요청과 유사한 의미구조를 가지고 있다."[104]고 했다. 이것은 칸트의 도덕성과 불교사상의 유사성을 제시하는 것으로 볼 수 있다.

인과관계가 지속되는 현상계에서는 모든 것이 종속적이고 구속적이다. 그리고 인과관계가 무시될 때 절대라고 한다.[105] 실제 삶은 운동이고 인과관계의 연속이다. 그러므로 생(生)이 지속되는 유여열반에서는 절대나 완전한 해방이 존재할 수 없다. 다만 삶이 끝나는 무여열반에서 최후의 절대적 해방이 이루어질 수 있다. 여기서도 절대나 해방은 단지 번뇌 망상을 일으키는 염탁(染濁)의 생동심에서 완전히 벗어났다는 뜻이지 언설이 불가능한 신비 세계로 들어갔다는 것은 아니다. 왜냐하면 생사가 끝난 무여열반은 우주심으로 나아가 새로운 삶의 씨앗으로 계속 연기관계를 이어가기 때문이다. 이 우주에서 어떠한 것이든 존재하는 것은 연기관계를 벗어나지 못한다. 그러므로 완전한 연기관계의 단절은 있을 수 없으며 이에 따라서 완전한 돈오상태가 계속 존재하기란 불가능하다.

실제로 올바른 깨달음은 개인의 특별한 신비적 체험을 통해서 이루어지는 것이 아니라 적극적인 연기관계를 통해 공동체 모두의 삶의 존재가치를 올바르게 구현할 수 있는 보편적인 것이라야 한다. 이런 점에서 보편성과 평등성을 근본으로 하는 불법에 비추어 볼

102 『知訥의 禪思想』| 길희성 지음, 소나무, 2006.
『禪源諸詮集都序』| 규봉종밀 지음, 원순 역해, 도서출판 법공양, 2005.
103 『知訥의 禪思想』| 길희성 지음, 소나무, 2006, 197쪽.
104 『칸트와 불교』| 김진 지음, 철학과 현실사, 2004, 416쪽.
105 『불교논리학』| 데오도르 체르바스키 지음 · 김옥균 옮김, 2005, 219쪽.

때 돈수니 점수니 하는 논쟁 자체는 큰 의미가 없다. 무엇이든 특별한 것은 불안정하며 오래 지속되지 못한다. 깨달음이란 특별한 것이 아니라 보편적인 것으로 누구에게나 가능하고 또 평범한 것이어야 한다. 즉 대승적 깨달음(열반)이란 출가자나 재가자 모두에게 가능한 것이라야 한다.

　가끔 대각(大覺)이라고 해서 큰 깨달음을 붓다의 깨달음에 비유하면서 특별한 수행을 한 사람만이 달성할 수 있는 것으로 보는 경우도 있다. 이것은 깨달음을 오직 특수한 신비적 대상으로만 보는 견해에서 비롯된다. 불교에서 말하는 깨달음은 만유와 적극적인 연기관계를 통해서 서로의 존재가치와 삶의 가치를 올바르게 깨닫고 실현하는 데 있다고 본다. 즉 대승불교의 궁극적 목적은 언설을 초월한 신비적 깨달음에 있다기보다는 삶의 참된 가치 실현에 있다. 이것이 바로 대승적 보살행이다. 대승불교인들은 출가자나 재가자 모두 보살[106]이 될 수 있다. 따라서 보시를 베푸는 우바새와 공양을 받는 비구라는 관계를 가지는 소승교단과는 달리 서로 보시를 베푸는 대승적 불교인은 누구나 자리이타와 요익중생의 보살도를 실천함으로써 무상정등각(無上正等覺)[107]에 이르며 열반이란 깨달음을 성취할 수 있다.[108]

　"논리적으로 보면 돈오 이후에 다시 닦을 필요는 없다. 왜냐하면 돈오는 궁극적 깨달음이기 때문이다."[109]라고 흔히 말한다. 이러한 논리가 반드시 옳을까?

　첫째, 깨달음은 염오의 생동심을 완전히 소멸시켜 제거하는 것이 아니라 억제하며 여의는 것이다. 그래서 가려져 있던 근본심을 드러내는 것이다. 그런데 연기관계에서 억압되었던 생동심이 다시 되

106 보살 | 깨달음의 성취를 바라는 사람. 대승에서는 재가자와 출가자 모두에 통하고 발심하여 불도를 행하는 자(스스로 불도를 구하고, 타인을 구제하여 깨닫게 하는 자). 〔『불교대사전』: 김길상, 홍법원, 1998〕
107 무상정등각 | 위없는 바른 평등과 바른 깨달음.
108 『인도불교사1』 | 에띠엔 라모뜨 지음 · 호진 옮김, 시공사, 2006, 166쪽.
109 『불교강좌』 | 정병조 지음, 민족사, 2005, 317쪽.

천문학자, 우주에서 붓다를 찾다

살아나게 되면 근본심이 다시 가려지게 된다. 즉 깨달음이 오염되거나 사라진다. 그래서 한 번 깨달음으로 이런 상태가 계속 유지될 수 없는 것이다. 그러기 때문에 수행을 통해 염오의 생동심을 계속 억제하며 여의야만 하는 것이다. 이것이 돈오점수의 수행법이다.

둘째, 깨달음이란 무엇인가? 불교에서 깨달음이란 말을 많이 쓰면서도 무엇을 깨쳤는지 자세한 내용이 없다. 단순히 번뇌 망상의 생동심의 소멸만으로 깨달음을 말하기도 하는데 이것은 염오의 생동심을 억제하며 여의었다는 뜻이다. 깨달음의 구체적인 내용이 없다는 것은 깨달음 후에 무엇을 어떻게 해야 하는지 자세한 후속 행이 정의되지 않는다. 흔히 깨달은 자가 특별한 신비 체험을 거쳐 무한한 절대적 행복에 이른 듯이 아상(我相)를 앞세우며 무조건 남을 제도하려는 행동도 깨달음의 구체적 내용이 없기 때문이다.

깨달음이란 근본심의 현현으로 자연적인 무위성, 보편성, 평등성, 이완성의 섭리를 바르게 이해하고 행하는 것이다. 그래서 번뇌의 씨앗이 되는 유위적 행을 자제하며, 무위적 연기관계를 통하여 만유가 평등해짐으로써 공동의 생명체로서 존재가치의 동등성을 이해하고, 특별한 것에 대한 집착을 버리고 만유는 보편적이라는 치우침이 없는 행을 하며, 연속적인 연기관계를 지속하면서 반드시 모두가 무자성으로 정체성을 상실하면서 안정된 이완상태에 이르러서 하나 속에 전체 있고, 전체 속에 하나 되는 이사무애와 사사무애의 우주적 화엄세계를 이루어 갈 수 있어야 하는 것이다. 결국 깨달음이란 안정된 이완계(弛緩系 : 화엄세계) 내에서 일어나는 올바른 삶의 실현을 뜻한다.

유식사상에 따르면 "진정한 깨달음은 부처님의 경계이며, 이것은 돈오돈수의 입장이다. 우리 정신의 가장 심층적인 아뢰야식의 전환인 대원경지(大圓鏡智)는 성불의 순간에 돈오에 의해 비로소 이루어지며, 따라서 더 이상 닦을 것이 남아있지 않다."[110]라고 한다.

마음은 생동심과 근본심으로 이루어졌다. 깨달음이란 잡염상의 생동심을 여읨으로써 근본심을 드러내는 것이다. 그런데 일반 생동심은 완전히 여의었다 하더라도 살아 있는 한 본능적 생동심인 아뢰야식은 존재하며 그리고 삶의 연기관계는 계속된다. 이 과정에서 미세한 잡염상의 본능적 생동심이 다시 살아날 수도 있다. 그러면 근본심은 다시 흐려지게 된다. 이를 막기 위해서는 끊임없는 수행과정을 거치면서 잡염상의 생동심이 생기면 없애버리는 반복 과정을 거쳐야 하는 것이 실제의 삶이다.

한 번 닦아 놓으면 영원히 깨끗해지는 것은 연기의 세상 어디에도 없다. 특히 대승적 수행에서는 염오의 생동심을 지닌 범부 대중속에서 이들을 이익되게 교화하며 이끌어야 하기 때문에 닦은 마음이 쉽게 오염될 수 있다. 그리고 방편적으로 염오의 생동심을 드러내 보여야 할 경우도 있을 수 있다. 이러한 요익중생(饒益衆生)의 대승적 수행에서는 모두가 함께 깨달음에 이르려면 돈오점수가 보다 더 실질적 수행법이다.

자연 내 모든 것이 변화하므로 제행무상(諸行無常)이고 또 고정된 실체가 없는 제법무아(諸法無我)이며 그리고 대승적 열반은 무주열반(無住涅槃)[111]이다. 그러므로 깨달음이 단박에 일어나고 또 그것으로 영원히 지속된다는 것은 참된 깨달음이란 것에 부합되지 않는 것이므로 결코 그런 일은 일어날 수 없다. 세존은 죽을 때까지

110 『유식사상』 | 김묘주, 경서원, 2003, 445쪽.
111 무주열반 | 머무름 없는 열반, 즉 열반에 이르러도 이에 머무르지 않는다.

천문학자, 우주에서 붓다를 찾다

돈오돈수니 돈오점수라는 말을 한 적이 없다. 그리고 대승적 견지에서는 개인적인 돈오돈수나 돈오점수가 중요한 것이 아니라 요익중생으로 모두가 함께 깨치는 것이 중요한 것이다. 그래야만 모두가 집단 내에서 이루어지는 무위성, 보편성, 평등성, 이완성에 해당하는 사지(四智)를 함께 실현할 수 있고 또한 우주 만유와 합일할 수 있는 것이다.

육조 혜능선사가 깨달음을 얻었다는 『금강경』의 사구게는 '응무소주이생기심'(應無所住而生其心 : 응당 머무름 없이 그 마음을 내다)이다. 여기서 '머무름'은 집착심의 발생을, 그리고 '그 마음'은 근본심을 뜻한다. 그래서 위의 사구게는 집착심이 생기는 염오의 생동심을 여의고 근본심을 드러내도록 수행에 정진해야 함을 강조한 것이다. 이때 근본심만 드러내는 것이 중요한 것이 아니라 근본심의 철저한 이해와 이에 따른 행이 가장 중요하다. 이 행이 바로 우주심의 섭리를 따르는 것이다.

연기(緣起)를 이야기할 때 깨달음을 근본으로 하는 성불(成佛)의 달성이 연기와 어떻게 연관되는지 또는 성불과 연기는 결코 무관한지에 대해 의문을 가진다. 대부분은 성불을 위한 수행이 연기와 직접 관련이 없는 것처럼 생각하기 쉽다. 왜냐하면 성불을 비존재적 신비의 대상으로 보기 때문이다. 그러나 불교의 근본 사상이 연기 사상이므로 연기를 통하여 깨달음이 이루어져야 한다. 그러면 어떤 과정으로 연기를 통해서 열반에 이를 수 있는가를 보자.

깨달음이란 열반은 첫째 마음작용에 연관된다. 둘째는 이런 마음을 지닌 육신에 의한 행을 들 수 있다. 즉 올바른 열반은 심신(心

身)의 깨달음에 의해 이루어져야 한다. 그래서 물심불이(物心不二)[112]라 한다.

　연기의 궁극적 결과는 만유의 이사무애와 사사무애를 통한 원융무애한 단계에 이르는 것이며, 물리적으로 이야기하면 이완 상태에 이르는 것이다. 한 집단 내에서 개체간의 역동적 에너지 수수교환을 통한 연기과정을 거치면서 각 개체는 초기의 고유한 정체성이 상실된다. 즉 각 개체는 연기적 수수과정에서 최소 에너지로 반응하고 또 최소 에너지 상태를 유지하게 된다. 이것이 곧 최소작용의 원리를 따르면서 이루어지는 연기적 결과이다.

　인간의 경우에 사회에서 최소작용의 원리가 만족되지 않으면 올바른 연기관계가 이루어지지 않으므로 그 사회에서 비인격적 불안정이나 고립화가 발생한다. 그래서 이성적(理性的)인 사회의 목표와 인간성의 목표 사이에 갈등이 커지게 된다.[113]

　최소작용의 과정을 거치면서 집단 전체는 들뜨지 않고 가장 낮은 에너지 상태에서 안정된 이완 상태를 이루게 된다. 이때 집단 내 개체들은 소위 열반 상태에 이른다. 왜냐하면 적극적 연기과정을 거치면서 집단 고유의 특성이 형성되고, 집단 내 각 개체는 이러한 집단의 특성을 무위적으로 따르게 되는 계(系)가 이루어지기 때문이다. 또한 삼학(三學) 중의 정(定)은 개체들이 최소 에너지 상태라는 선정을 이루는 데서 얻어지고, 계와 정을 이룩하기 위해서는 이사무애와 사사무애에 대한 법계연기의 지혜 즉 직관적 반야지혜(般若智慧)[114]가 따라야 한다. 그래서 집단이 이완 상태에 이르면 자동적으로 계·정·혜의 삼학이 달성되면서 모두가 깨달음에 이르게 된다.

112 물심불이 | 유심(唯心)과 유물(唯物)을 부정하면서 동시에 유심과 유물이 상통하는 것. 몸과 마음은 둘이 아니다.
113 『에리히 프롬과의 대화』 | 박찬국 지음, 철학과 현실사, 2001, 183쪽.
114 반야지혜 | 법의 실다운 이치에 계합한 최상의 지혜.

결국 연속적 연기를 통하여 계·정·혜가 이루어지면서 자연스럽게 깨달음의 열반에 이르게 된다. 사실 열반이란 것도 모른 채 열반에 이른다. 소위 염오의 생동심이 여의지고 근본심이 발현되면서 모든 행이 최소작용의 원리를 따르는 무위적이고 보편적이며 평등한 이완 상태에 이르게 되는 것이다. 이러한 관점에서 보면 대중 속에서 적극적 연기과정을 거치지 않고 깨달음을 얻었다면, 그것은 결코 오래 지속될 수 없다는 것이다. 왜냐하면 깨달음을 이룬 후 새로운 집단 내에 들어와서 연기과정을 거치게 되면 자신의 정체성이 점차 사라지면서 새로운 이완 상태로 이행해 가기 때문이다.

그러므로 진정한 깨달음은 반드시 적극적이고 역동적 연기과정을 통해서 이루어져야 한다. 또한 집단의 고유 특성이 고정된 것이 아니고 다른 집단과의 연기 작용을 거치기 때문에 집단은 항상 새로운 이완 상태를 이루어 가게 된다. 이것이 소위 향상일로(向上一路)[115]이다. 그러므로 집단 내에서는 한 번 깨달음은 그것으로 끝나고 다시 새로운 깨달음이 없는 것이 아니라 연기과정에서는 반복적으로 새로운 깨달음이 일어나므로 계속 수행을 쌓아가야 한다.

운동과 변화를 유발하는 연기관계가 지속되는 한 삶에서 고요한 정태적(靜態的) 정지란 있을 수 없다. 그러므로 열반은 영원한 신비적 정태성을 지니지 못하며 역동적인 연기관계에 따라서 변해 간다. 그래서 한 번 깨달음의 상태가 절대적인 경지로 영속될 수 없다. 이런 점에서 점수를 깨달음의 지속을 위한 실질적 수행법으로 볼 수 있다.

우주에서는 만유가 작은 집단에서 더 큰 집단으로 형성해 나가는

115 향상일로 | 깨달음에 이르는 한줄기 길. 부처님의 경지에 이르기 위해 수행에 전념하는 것.

계층적 집단형성의 경향이 있다. 이것은 연기적 우주 자체가 역학적 안정을 스스로 추구해가기 때문이다. 이런 관점에서 인간 세계에서는 다양한 크기의 집단, 다양한 특성의 집단들이 존재한다. 그리고 어떤 개체도 완전히 고립된 것은 있을 수 없다. 그래서 항상 집단 내 개체들 사이, 집단과 집단 사이, 큰 집단과 큰 집단 사이 등등 여러 종류의 연기 작용은 다양한 면에서 동시적으로 일어나고 있다. 이러한 연기의 세계에서는 한 상태가 변하지 않고 고정된 상태로 계속 지속될 수는 없다.

깨달음이란 상태도 마찬가지로 계속 변해가는 것이다. 비록 우주의 섭리를 깨달았다 하더라도 먹고 살아가는 한 외부와의 연속적 에너지 수수과정인 연기의 고리 즉 연기적 인드라망을 벗어날 수는 없다. 그래서 생동심을 완전히 여읜 상태를 지속시킬 수는 없다. 비록 미세하지만 아뢰야식의 본능적 생동심이 변하는 한 깨달음이란 것도 따라서 변하게 된다. 비록 우주의 섭리를 알고 있다 하더라도 실제 행은 세속법을 벗어날 수 없기 때문이다.

흔히 도인(道人)이 고함을 지르거나 화를 내고 들뜨는 것을 가리켜 중생 제도를 위한 방편이라고 한다. 그러나 『입중론』에서는 "어찌 되었든 불자에게 화냄으로써 보시와 지계로 백겁(百劫)에 쌓은 선근(善根)을 찰나에 부숴버린다."[116]라고 했다. 결국 화내는 순간에 도인의 마음에서 염오의 생동심이 일어나는 것이다. 그렇다면 그의 깨달음은 그 순간 오염되어 흐려진다. 다시 염오의 생동심을 여의도록 수행을 쌓아야 한다. 그런데 무엇 때문에 열반이란 상태를 고정되게 지속시켜야 할까? 무위적으로 살아간다면 열반이나

116 『깨달음에 이르는 길』|
총카파 지음 · 청전 옮김, 지영사, 2005, 522쪽.

천문학자, 우주에서 붓다를 찾다

깨달음 등에 집착할 필요가 없다. 열반을 버릴 줄 아는 것이 참된 열반인 것이다. 세속에 살면서 세속을 벗어나 궁극적 진리의 진제(眞諦) 상태를 고수하려는 것도 큰 집착이다. 진정한 깨달음은 깨달음의 경계가 없어야 하고, 중생과 부처라는 상대적 견해가 없어야 한다.

열반을 떠나 세속의 중생과 더불어 자연적인 무위적 삶을 살아가는 보살이 깨달은 열반 상태에 있는 자보다 실은 더 훌륭한 것이다. 왜냐하면 열반이 불교의 이상향(理想鄕)이 될 수도 있지만 이를 뿌리치는 보살의 마음이 참된 불심이요 부처이기 때문이다. 즉 미세한 생동심을 지니면서 근본심을 드러내 보이며 행하는 것이 생동심을 여의고 근본심만 드러내 보이는 것보다 훨씬 많은 수행이 따라야 하기 때문이며 또 불법의 참된 실현을 이루어 가기 때문이다.

『유마경』에서 "방편으로 살아가는 것이 보살의 해탈이다."[117]라고 했다. 방편으로 살아간다 함은 세속적인 인연관계로 살아가는 걸 뜻한다. 우리의 삶에서 모든 것이 궁극적 진리의 진제를 추구하지만 이를 실천하기 위해서는 세속적 방법이 내재된 속제를 따르지 않을 수 없다. 이때 방편은 공동체 내 구성원 사이 또는 인간과 자연 사이의 연기관계의 수행에 따른 방법인 것이다. 이런 방편이 올바를 때는 깨달음의 성취가 빨라질 수 있다. 결국 방편으로 살아간다는 것은 적극적인 연기관계의 수행을 뜻하고 이를 통하여 깨달음이란 해탈에 이를 수 있는 것이다.

『화엄경』의 「수미정상게품」에서 "부처님 법은 깨달을 수 없는지라 이것을 아는 것이 법을 깨달음이니 모든 부처님 이와 같이 닦을

117 『유마경강의』 | 이기영, 한국불교연구원, 2000, 368 쪽.

새 한 법도 얻을 수 없네."[118]라고 했다. 진정한 깨달음은 깨달음을 모르는 경지에 이르는 것이다.

흔히 우리의 믿음은 우선 개인의 완성에 두어야 한다거나 또는 나라고 하는 이기적 개체가 우주적 자아(自我) 또는 주인공(主人公)으로 승화하는 길이 바로 종교적 신앙의 요체가 되어야 한다고 생각한다. 과연 그러할까?

불교의 가장 중요한 근본 원리는 연기(緣起)이다. 따라서 개인보다 집단의 연기적 이완과 집단적 깨달음이 중요하다. 집단의 안정 없이 개인의 안정이나 완성이란 존재할 수 없다. 그래서 불교는 집단의 종교이며 불법도 우주적인 것이다. 그러므로 진정한 깨달음이란 개인의 완성이 아니라 집단 전체가 우주와 합일하는 것이다. 그리고 우주적 자아로의 승화는 개인적인 것이 아니라 만유가 공동의 생명체로서 우주 법계의 우주심을 발현하는 것이다.

석존은 밧카리의 임종을 보면서 이렇게 말했다. "밧카리여, 나의 이 늙은 몸을 본들 무슨 소용 있으랴. 그대는 이렇게 알아야 한다. 나를 보는 자는 진리를 보고, 진리를 보는 자는 나를 본다."[119] 여기서 진리는 우주 법계의 우주심이므로 위의 내용을 "나를 보는 자는 우주심를 보고, 우주심을 보는 자는 나를 본다."로 바꿀 수 있다. 석존이 지닌 이 우주심이 비록 각 개체에 내재해 있지만 우주심의 발현은 개체적 차원이 아니라 만유의 이완된 집단을 통해서만 직접 느끼고 볼 수 있는 것이다. 그리고 종교적 신앙의 요체는 소극적인 자아의 완성이 아니라 우주심인 근본심의 발현으로 우주와 합일하는 것이다. 이런 점에서 부처는 단순한 신앙체계가 아니라 우주적

118 『화엄경』 | 무비 편찬, 민족사, 2004, 84쪽.
119 『불교강좌』 | 정병조 지음, 민족사, 2005, 58쪽.

천문학자, 우주에서 붓다를 찾다

진리체계인 것이다.

"불교는 결국 불교마저 초월하려는 가르침이다."[120]라고 한다. 불법을 이해하고 따른다면 불교적 신앙을 벗어나 불교가 필요 없게 된다. 즉 방편이 사라진다. 삶 자체가 불법이므로 별도의 유위적 신앙체계가 필요치 않다. 그러므로 "불교의 목표는 성불이다. 성불을 이룬다는 것은 내면의 자유를 획득한다는 의미이다."라는 생각은 합당치 않다.

불교에서는 특정한 목표가 없다. 부처가 무슨 목표를 가지겠는가? 만물이 부처이다. 인간의 경우는 단지 염오의 생동심에 부처가 가려 있을 뿐이다. 주어진 여건에서 좋은 연기관계를 통해 자신의 부처를 드러내며 성실하게 사는 것이다. 목표가 있는 곳에는 그를 이룩하려는 집착이 따르고 이것이 무명을 일으키게 된다. 또한 시야를 좁게 만들어 넓고 깊은 부처의 진리를 제대로 볼 수 없게 된다.

노자(老子)는 "학문을 닦으려면 하루하루 쌓아나가고, 도를 닦으려거든 하루하루 버려라."(爲學日益 爲道日損)고 했다. 즉 배움을 위해서는 매일 노력할 것이지만, 도라는 특정한 목표를 두면 집착에 빠지므로 그것을 구하려는 마음을 버리라는 뜻이다.

헤르만 헤세(H. Hesse, 1877~1962)도 『싯다르타』에서 "구한다는 것은 한 가지 목적을 갖는 것을 말하지만 이와 반대로 발견한다는 것은 마음이 자유로워 아무런 목적도 있지 않다는 것을 말하오. 당신이 도를 구하는 것은 그 목적을 이루려는 데서 눈앞에 있는 많은 사물을 보지 못하기 때문이오."라고 말했다. 무엇을 구하려고 집착하는 마음은 반드시 번뇌 망상의 생동심을 일으킨다.

120 『불교강좌』| 정병조 지음, 민족사, 2005, 370쪽.

놓아라!

세존은 꽃이 달린 오동나무를 양손에 들고 공양 온 흑씨범지를 보고 "놓아라!" 했다.
그가 바른손의 나무를 내려놓자 세존은 또 다시
"놓아라!" 했다.
그가 왼손의 나무를 내려놓자 세존은 또 다시
"놓아라!" 했다. 그러자 범지는
"세존이시여, 이제 내려놓을 것도 가진 것도 없사온데 다시 무엇을 놓으라 하시나이까?" 하고 여쭈었다.
세존은 말씀하셨다. "선인아, 나는 네게 그 꽃을 놓으라고 한 것이 아니라 너 마땅히 밖으로 육진(六塵)과 안으로 육근(六根)과 중간의 육식(六識)[121]을 일시에 놓으라고 말한 것이다. 다시 더 가히 버릴 것이 없게 되면 이곳이 곧 네가 생사에서 벗어나는 곳이다."[122]
내외(內外)의 경계(대상)를 여의는 것이 놓는 것이고 버리는 것이다.

(8) 생동심을 여의는 수행법

『청정도론』에 따르면 "믿음으로 강화된 마음은 불신으로 흔들리지 않는다. 정진으로 강화된 마음은 게으름으로 흔들리지 않는다. 마음 챙김으로 강화된 마음은 부주의로 흔들리지 않는다. 삼매로 강화된 마음은 들뜸으로 흔들리지 않는다. 통찰지로 강화된 마음은 무명으로 흔들리지 않는다. 지혜의 광명과 함께 한 마음은 오염원의 어둠으로 흔들리지 않는다. 이 여섯 가지의 법으로 강화될 때 흔들림 없는 상태에 이른다."[123]고 했다. 이 정도의 수행으로도 생동심을 대체로 여읠 수 있다. 그러나 보다 구체적인 수행법을 보면 아래와 같다.

121 육진 | 색, 소리, 향기, 맛, 접촉, 외부 대상.
육근 | 눈, 귀, 코, 혀, 몸, 뜻.
육식 | 안식, 이식, 비식, 설식, 신식, 의식.
122 『선관책진(禪關策進)』 | 운서주굉 지음 · 광덕 역주, 불광출판부, 1992, 172쪽.
123 『청정도론』 붓다고사 스님 지음 · 대림스님 옮김, 초기불전연구원, 2005, 제2권, 12장 17, 291쪽.

천문학자, 우주에서 붓다를 찾다

불법을 올바르게 따르기 위한 가장 큰 기본은 계·정·혜 삼학을 잘 지키는 것이다.

첫째, 계(戒)는 불법에 따라 해야 할 것을 잘 행하고 또 해서는 안 될 짓은 하지 않는 엄격한 계율을 뜻한다. 이를 위해서는 먼저 자신이 세운 약속이나 계획을 잘 지켜야 하고 다음에 남과의 관계에서 이루어진 규칙을 잘 지켜야 한다. 소위 엄격한 자기 통제와 제어가 필요하다.

둘째, 정(定)은 선정에 들어 마음을 들뜨지 않고 착 가라앉혀서 모든 번뇌 망상을 여의도록 하여 청정한 근본심이 드러나도록 하는 것이다.

셋째, 혜(慧)는 불법에서 얻은 지혜를 바탕으로 연기관계를 올바르게 수행해 가는 것이다.

삼학의 구체적 수행법은 팔정도에 있다. 즉 정어(正語, 바른 말)와 정업(正業, 바른 행위) 및 정명(正命, 바른 생활)은 연기적 계율로서 계에 해당하고, 정념(正念, 바른 마음 챙김)과 정정(正定, 바른 집중)은 마음을 항상 바닥상태에 두는 정에 해당하며, 정견(正見, 바른 견해)과 정사유(正思惟, 바른 사유)는 최소 에너지로 반응하는 지혜로서 혜에 해당한다. 그리고 정정진(正精進, 정법에 따른 노력)은 계·정·혜 모두에 적용된다.

염오의 생동심을 여의는 구체적 방법으로 중요한 것은 육바라밀을 닦는 것이다.

첫째, 보시에는 남에게 재물을 나누어주는 재물보시, 두려움을 없애주는 무외보시, 그리고 불법을 잘 가르쳐주는 법보시가 있다. 보시는 일방적인 것보다는 주고받음의 연기적 과정을 거쳐야 한다.

둘째, 지계에는 연기관계를 원만히 수행하기 위해 필수적인 계율을 지켜야 한다. 여기에는 자신을 위한 계율과 타자를 위한 계율이 있다. 자신의 계율이 지켜지지 않으면 타자를 위한 계율도 지켜지지 않는다.

셋째, 인욕에서는 연기과정에서 일어나는 고통이나 번민 등을 참아 인내해야 하고, 또 싫어도 경전을 배워 익혀야 하며, 남의 책망이나 욕된 것도 인내해야 한다.

넷째, 정진에서는 올바른 연기과정의 수행을 위해 자신이 처한 분야에서 꾸준한 노력으로 최선을 다하는 것이다. 이때 주위를 살피는 산란한 마음을 가지는 것은 금물이다.

다섯째, 선정은 마음을 안정한 상태로 고요히 하여 정신을 집중하는 것이다. 이 상태에서 번뇌 망상의 염오의 생동심을 여의도록 해야 한다.

여섯째, 지혜는 위의 5가지 과정을 거쳐야 생기는 것이다. 즉 청정한 근본심을 보고 이를 따라 행할 수 있는 지혜를 얻게 된다. 이 지혜의 중요성에 대해 『섭송』에서 다음과 같이 말했다. "소경이 이끄는 자 없이 수만리를 혼자 간다면 길을 모르니 어찌 고향에 이르리. 다섯 가지 바라밀에 지혜가 없다면 눈이 없는 것과 같아서 길잡이가 없으니 깨달음을 얻지 못하리."[124]

그 외에 대승보살의 기본 정신으로 삼취정계(三聚淨戒)가 있다. 첫째, 섭율의계(攝律儀戒)는 금계 조항을 잘 지키는 것이고, 둘째, 섭선법계(攝善法戒)는 착한 일을 해나가는 것이고, 셋째, 섭중생계(攝衆生戒)는 모든 중생을 부처로 성취시키는 것이다.[125] 그리고 37도품(道品)[126]을 잘 닦는 것이다. 이것은 더럽고 오염된 마음을 청

124 『깨달음에 이르는 길』 | 총카파 지음 · 청전 옮김, 지영사, 2005, 594쪽

125 『유마경 강의』 | 이기영, 한국불교연구원, 2000, 300쪽.

126 37도품 | 4념처(신-몸은 허공과 같음, 수-안과 밖이 공함, 심-이름뿐임, 법-선악이 없음), 4정근(단단-꾸준히 노력하여 악을 끊음, 율의단-계율과 위의를 갖추어 잘못을 행하지 않도록 노력함, 수호단-착한 법이 일어나도록 노력함, 수단-생긴 착한 법을 유지하도록 노력함), 4신족(욕-바른 이상에 대한 욕구, 정진-정법에 따라 노력함, 심-선정, 사유-생각하는 지혜가 이루어짐), 5근(신-도리를 믿는 것, 정진-용맹하게 선을 닦는 것, 염-정법을 잘 기억하는 것, 정-산란하지 않게 하는 것, 혜-여실한 진리를 분명히 아는 것), 5력(신-신앙, 정진-노력, 염-억념, 정-선정, 혜-지혜), 7각지(염-기억하여 잊지 않음, 택법-법의 진위를 선택함, 정진-노력함, 희-정법을 얻어 기뻐함, 경안-심신이 경쾌하고 안온함, 정-선정에 들어 산란치 않음, 사-마음이 평등하게 유지됨), 8정도(정어, 정업, 정명, 정념, 정정, 정정진, 정견, 정사유).

천문학자, 우주에서 붓다를 찾다

정하게 하는 데 가장 중요한 수행법이다. 그 중에서 사념처(四念處)는 신(身—육신은 깨끗지 않다고 관하는 것), 수(受—느낌은 고라고 관하는 것), 심(心—마음은 무상하다고 관하는 관심무상), 법(法—법은 무아로 관하는 것)을 닦는 것이다. 이 사념처는 모두 부정적이다. 이런 대승적 견해와는 달리 소승적 견해에서는 신은 깨끗하고, 수는 즐거우며, 심은 무상이 아니며, 법은 실제라는 긍정적 생각을 가지고 있다.

사섭법(四攝法)에서 보시(報施) · 애어(愛語—좋은 말) · 이행(利行—이타행) · 동사(同事—고락, 화복을 함께함)를 행하고, 사무량심(四無量心)으로 자(慈—자애, 즐거움을 줌) · 비(悲—연민, 고통을 벗겨줌) · 희(喜—고통을 여의고 희열케 함) · 사(捨—평온한 마음)를 행하며, 십선법(十善法)인 불살생(不殺生—살생하지 않음) · 불투도(不偸盜—남의 것을 훔치지 않음) · 불사음(不邪淫—다른 여자와 음사하지 않음) · 불망어(不妄語—거짓말 하지 않음) · 불악구(不惡口—나쁜 말을 하지 않음) · 불기어(不綺語—교묘하게 꾸미는 말을 하지 않음) · 불양설(不兩舌—이간질하는 말을 하지 않음) · 불탐욕(不貪慾—탐욕을 내지 않음) · 불진애(不塵埃—화내고 미워하지 않음) · 불사견(不邪見—잘못된 견해를 갖지 않음)을 닦는다. 결국은 몸과 말, 마음에 따른 신 · 구 · 의(身口意)의 삼업(三業)을 잘 닦아 쌓아야 한다.

보살의 수행에는 52가지가 있는데 십신에서 십회향까지는 기초 수행과정이고, 십지는 십바라밀에 해당하는 것으로서 최고의 수행과정이다.[127] 그 예를 보면 아래와 같다.

127 『天台四敎儀』 諦觀 錄, 이영자 역주, 경서원, 2006, 232-245쪽.

⊙ 십신(十信)은 붓다의 교설을 믿어 의심이 없는 초심의 구도자가 닦아야 하는 지위로 『영락경』에 있는 내용은 다음과 같다.[128]

① 믿음을 일으켜서 성취를 기원하는 신심(信心).
② 6념(六念)[129]을 닦는 염심.
③ 정근(定根)[130]해서 선업을 닦는 정진심.
④ 마음을 안주하는 정심(定心).
⑤ 일체의 사상의 공적이라는 것을 요지하는 혜심(慧心).
⑥ 지계청정인 계심(戒心).
⑦ 연마하는 선근을 보리에 회향하는 회향심.
⑧ 자기 마음을 방호해서 수행하는 호법심.
⑨ 몸과 재물을 아까워하지 않고 버리는 사심(捨心).
⑩ 많은 기원을 닦는 원심(願心).

⊙ 십주(十住)는 마음을 진실의 공리에 안주하는 지위 즉 참된 세계관과 인생관에 안주해 가는 지위로 그 내용은 다음과 같다.[131][132]

① 발심주 : 처음 보리심을 내는 자리.
② 치지주 : 수학하여 마음을 다스리는 자리.
③ 수행주 : 보살은 10가지 행으로 온갖 법을 관찰하여 수행하는 자리
④ 생귀주 : 바른 가르침에서 존귀함이 생긴 자리.
⑤ 구족방편주 : 보살이 선근을 닦아 방편을 갖춘 자리.
⑥ 정심주 : 부처님을 찬탄하거나 훼방하는 10가지 법을 듣고도 퇴전하지 않는 자리.

128 『佛教大事典』│ 김길상 편자, 홍법원, 1998.
129 6념│불(佛), 법(法), 승(僧), 계(戒), 시(施), 천(天)의 여섯 가지를 각각 조용한 마음으로 생각하는 것. 즉 염불(부처님의 상호를 관찰하면서 그 공덕을 생각함), 염법(부처님의 교법을 정심으로 생각함), 염승(교단의 공덕을 억념하는 것), 염계(번뇌의 악업을 그치게 하고 성도를 성취케 하는 것), 염시(보시는 탐하는 마음을 여의고, 청정한 공덕이 있는 줄로 생각하는 것), 염천(사천왕천으로부터 타화자재천까지의 과보가 청정하여 일체를 편리하게 생각하는 것)을 말함.
130 정근│마음을 한곳에 머물게 하여 산란치 않게 하는 선정
131 『화엄의 세계』│해주스님, 민족사, 2005, 65쪽.
132 『화엄경개요』│현석 역주, 우리출판사, 2002, 213쪽, 267쪽, 314쪽.

천문학자, 우주에서 붓다를 찾다

⑦ 불퇴주 : 부처님의 유무를 듣고도 물러나지 않는 자리.

⑧ 동진주 : 동자와 같이 순진한 자리.

⑨ 법왕자주 : 모든 법에 막힘이 없는 지혜를 얻는 자리.

⑩ 관정주 : 관정식으로 왕위에 오름과 같은 지혜의 자리.

⊙ 십행(十行)은 이타행을 수행하며 중생을 지혜롭게 하고자 하는 지위로 그 내용은 다음과 같다.

① 환희행 : 공의 이치를 체득함으로서 기뻐하는 행. 보시바라밀을 닦는다.

② 요익행 : 유익한 행. 지계바라밀을 닦는다.

③ 무위역행 : 어기지 않는 행. 인욕바라밀을 닦는다.

④ 무굴요행 : 굽히지 않는 행. 정진바라밀을 닦는다.

⑤ 이치란행 : 어리석음과 산란을 없애는 행. 선정바라밀을 닦는다.

⑥ 선현행 : 잘 나타나는 행. 반야바라밀을 닦는다.

⑦ 무착행 : 집착 없는 행. 방편바라밀을 닦는다.

⑧ 난득행 : 얻기 어려운 행. 원바라밀을 닦는다.

⑨ 선법행 : 법을 잘 말하는 행. 역바라밀을 닦는다.

⑩ 진실행 : 진실한 행. 지바라밀을 닦는다.

『화엄경』의 「십행품」에서 "보살은 이러한 더 나아가는 마음을 다시 내느니라. '내가 만일 일체 중생으로 하여금 위없는 해탈도에 머물게 하지 못하고 내가 먼저 아뇩다라삼먁삼보리를 이룬다면, 이 것은 나의 본래의 소원을 어기는 것이니, 마땅하지 못한 일이다. 그러므로 반드시 먼저 일체 중생들로 하여금 위없는 보리와 무여열반을 얻게 한 뒤에 성불할 것이다. 이것이 보살의 진실행이다. 왜냐하면 중생들이 나에게 청하여 발심한 것이 아니고, 내가 중생에게 청하지 않은 벗이 되어서 일체 중생으로 하여금 선근을 만족하여 온갖 지혜를 이루고자 한 것이다.' ……"[133]라고 했다. 이처럼 대승적 보살은 아상(我相)을 내면서 중생 속에서 우뚝 서지 않는다.

한편『유마경』에서 유마힐은 병문안 온 문수보살에게 "모든 중생이 앓고 있으므로 나도 앓고 있습니다. 모든 중생의 병이 나으면 내 병도 나을 것입니다. 왜냐하면 보살은 중생을 위해서 생사의 길에 들어서고, 생사가 있으면 병이 있기 마련입니다."[134]라고 했다. 이처럼 중생 없이 보살이 있을 수 없으므로 보살은 항상 중생과 함께 동등하게 살아가는 것이다. 그리고 총카파는 성불(成佛)도 중생에 의지해야 한다고 했다.[135] 왜냐하면 대승의 이타심(利他心)에 따른 수행은 중생에 대해 평등한 마음을 갖는 데서 시작되기 때문이다.

⊙ 십회향(十廻向)은 여러 가지 행을 일체 중생을 위하여 돌려주며, 또 불과를 향해 나아가 오경(悟境)에 도달하는 지위로 그 내용은 다음과 같다.[136]

① 일체 중생을 구호하되 중생이라는 상을 떠나는 회향.[137]
② 멸하지 않는 회향.
③ 모든 부처님과 평등한 회향.
④ 온갖 곳에 이르는 회향.
⑤ 다함없는 공덕장 회향.
⑥ 일체 평등한 선근에 들어가는 회향.

133 『화엄경』| 무비 편찬, 민족사, 2004, 315쪽.
134 『유마경강의』| 이기영, 한국불교연구원, 2000, 상권, 327쪽.
135 『깨달음에 이르는 길』| 총카파 지음·청전 옮김, 지영사, 2005, 424쪽.
136 『화엄경』| 무비 편찬, 민족사, 2004, 「십회향품」, 35쪽.
137 회향 | 자신이 지은 선근 공덕을 되돌아보면서 일체 중생의 깨달음을 위해 베푸는 것. 자신이 닦은 선근 공덕을 깨달음을 향하여 전진하는 행위.

천문학자, 우주에서 붓다를 찾다

⑦ 일체 중생을 평등하게 따라주는 회향.

⑧ 진여의 모습을 관하는 회향.

⑨ 속박도 없고 집착도 없는 해탈의 회향.

⑩ 법계에 들어가는 무량한 회향.

⊙ 십지(十地)는 불지를 생성하고 교화, 이익되게 하며 여래지에 이르는 지위로 그 내용은 다음과 같다.[138]

① 환희지 : 아공과 법공의 이치를 증득하고, 중생을 구제하려는 이상으로 넘어갈 때 느끼는 기쁨의 단계. 주객의 분별을 떠난 보시바라밀을 행하는 지위.

② 이구지 : 중생계의 구염(舊染) 속에 들어가 그것을 여읨으로써 번뇌의 때를 벗는다. 보살계를 지키며 삼취정계와 10선업도를 행하며 지계바라밀을 행하는 지위

③ 발광지 : 삼법인을 관하고 이행섭(利行攝)과 인욕바라밀로 지혜의 빛이 나타난다. 유위법의 실상을 관찰함으로써 모든 사물의 무상성에 대한 직관의 단계에 이른다.

④ 염혜지 : 번뇌와 무지의 장애를 불사르며 지혜를 증장하고, 발현토록 한다. 자아, 아소(我所)에 대한 집착을 여의고 37도품을 닦고, 동사섭과 정진바라밀을 행하는 지위다.

⑤ 난승지 : 진속의 이제(二諦)를 동시에 드러내 보이고 서로 융섭케 하여 분별지와 무분별지에 걸림이 없고,

138 『화엄철학』 | 까르마 츠앙 지음 · 이천수 옮김, 경서원, 2004, 90쪽.

고집멸도의 사성제와 선정바라밀을 닦아 깨달음을 발전시킨다.

⑥ 현전지 : 진여의 지혜로 제법에서 차별을 없애고 모든 현상의 동일성을 깨달으며 제법의 평등성을 실현한다. 12연기를 관하여 반야바라밀을 성취한다

⑦ 원행지 : 열반을 얻지만 열반 속으로 들지 않고, 세상과 삼승의 유행상을 멀리 떠나 중생 구제를 위해 노력하며 방편바라밀을 닦는다. 제7지 이상을 무학도(無學道)[139]라 한다.

⑧ 부동지 : 일체의 번뇌와 경계가 일어나지 않으며 태연자약한 부동의 상태에서 무생법인(無生法忍)[140]의 상태를 경험하며 원바라밀을 닦는다. 우주의 생성변화와 발전 쇠퇴의 상세한 과정을 안다. 이 단계에 이르면 번뇌의 생동심을 여읜 무위 상태로 불과를 증득한 것과 같은 경계로 간주한다. 그리고 제8지 이상에서는 해인삼매(海印三昧)[141]를 증득한다.

⑨ 선혜지 : 사무애지(四無碍智)[142]를 얻고, 완전한 지혜를 성취하며 역바라밀을 닦는다. 법장을 수호하고 사람들의 욕망과 생각을 알고 능력에 맞게 제도한다.

⑩ 법운지 : 지혜의 구름에서 감로비가 쏟고, 설법이 진리를 내리는 구름 같은 지위로서 지혜바라밀을 닦으며 완전한 직관을 얻는다.

화엄 10지를 지나면 평등일여(平等一如)의 깨달음인 등각(等覺)

139 무학도 | 모든 번뇌를 끊고 진리를 증득하여 다시 더 배울 것이 없는 원만한 지혜의 경지.
140 무생법인 | 모든 법의 자성이 공적하여 본래부터 일어남도 없고, 멸함도 없다는 이치를 알아 이에 안주하여 움직이지 않는 마음. 불생불멸하는 진여 법성을 앎.
141 해인삼매 | 맑은 바다에 일체의 것이 일시에 그 모습을 비추듯이 일체의 존재와 현상을 포섭하여 드러내는 삼매.
142 사무애지 | 법무애(法無碍)-가르침에 대해 막힘이 없는 것, 의무애(義無碍)-가르침의 뜻의 내용을 알아 막힘이 없는것, 사무애(辭無碍)-제방의 언어에 통달하여 자재로운 것, 요설무애(樂說無碍)-변재(辯才)가 있어 자재로 설법하는 지혜.

천문학자, 우주에서 붓다를 찾다

과 절묘한 무상의 깨달음인 묘각(妙覺)을 지나 최후의 불지(佛地)에 이른다. 제1지에서 제7지까지는 유위법이고, 제8지에서 제10지까지는 대열반의 경지에서 자리이타행을 위해 회향하며, 무위법을 행한다.

천태(天台)대사에 따르면 10주, 10행, 10회향, 10지 등 40위는 『법화경』의 개·시·오·입(開示悟入 : 부처님의 지견을 열어 보이고 깨달아 들어가도록 함)에 해당한다.[143]

『유마경』에서 대승적 보살행을 설명하고 있는데 그 6가지는 아래와 같다.[144]

① 범부의 행이 아니면서 현자나 성인의 행도 아닌 것이 보살행이다. 즉 천박하지 않으면서 또한 고고한 척하는 행도 아닌 평범한 행이 보살행이다. 전자는 지나친 세속적인 행이고 후자는 깨달은 척하는 행을 뜻한다. 대승에서는 연기적 행을 충실히 행하면 보살인 것이다.

② 때 묻은 행이 아니면서 극단적으로 깨끗한 행도 아닌 것이 보살행이다. 즉 더럽지도 않고 깨끗하지도 않은 중도를 따른다.

③ 십이연기를 관하지만 갖가지 사견(邪見)을 가진 자들 속에 들어가는 것이 보살행이다. 즉 세속에서 진제를 깨치도록 하는 것이 보살행이다. 이것이 대승의 길이다.

④ 사무량심은 행하지만 범천 세계에 태어나는 것을 탐착하지 않는 것이 보살행이다. 즉 자·비·희·사(慈悲喜捨)의 사무량심을 행하지만, 이를 통해 범천에 태어나고자 하는 소

143 『天台四敎儀』｜諦觀 錄, 이영자 역주, 경서원, 2006, 250쪽.
144 『유마경강의』｜이기영, 한국불교연원, 2000, 378~ 387쪽.

승적 생각에 탐착하지 않는 것이 대승적 보살행이다.

⑤ 선정과 해탈삼매를 행한다고 하지만 그 선미(禪味)에 탐닉하지 않는 것이 보살행이다. 비록 선정과 해탈삼매를 행하지만 여기에 집착하여 남을 돌보는 자리이타행을 게을리하지 않는 것이 대승적 보살행이라는 것이다.

⑥ 제법의 궁극적인 청정한 모습을 따르지만 인연 따라 그 몸을 나타내는 것이 보살행이다. 궁극적인 진리를 추구하지만 연기적 인연 따라 세속의 법도 거역하지 않는 것이 대승의 길이라는 것이다.

『화엄경』에서는 10가지 행원을 다루는데 이것은 밖에 있는 부처에 대한 원이나 행이 아니라 여래를 갖춘 자신의 부처에게 원을 하고, 염오의 생동심을 여의도록 하여 근본심의 부처가 현현토록 한다.

『화엄경』에서 보이는 보현보살의 행과 원을 다룬 열 가지 보현행원(普賢行願)[145]은 다음과 같다.

① 예경제불원 : 모든 부처님께 예배하고 공경하며 또한 모든 중생을 공경한다.

② 칭찬여래원 : 부처님을 찬탄하고, 자신을 잘 보살핀다.

③ 광수공양원 : 널리 공양한다. 자신을 잘 공양하고 이를 위해 경을 읽고 지혜를 쌓는다.

④ 참회업장원 : 업장을 참회하고, 염오식을 여의며 다시 나쁜 업을 짓지 않는다.

⑤ 수희공덕원 : 남이 짓는 공덕을 기뻐한다. 나처럼 남도 존

145 『화엄의 세계』 해주스님, 민족사, 2005, 136쪽.

천문학자, 우주에서 붓다를 찾다

중하고 공덕을 기뻐한다.

⑥ 청전법륜원 : 설법해 주기를 청한다. 남의 설법을 잘 들어
　　　　　　　여래 현현에 도움을 준다.

⑦ 청불주세원 : 부처님이 이 세상에 오래 계시기를 청하고,
　　　　　　　자신의 부처가 항존함을 인식한다.

⑧ 상수불학원 : 항상 부처님을 따라 배우며, 자신의 부처를
　　　　　　　통해서 삶의 바른 길을 배운다.

⑨ 항순중생원 : 항상 중생을 수순하고, 이타심을 내어 남의
　　　　　　　부처도 존중하며 함께 공존한다.

⑩ 보개회향원 : 지은바 공덕을 널리 회향하며, 자신의 부처가
　　　　　　　지은 업을 남을 위해 회향한다.

　『섭대승론석』에서 "만약 그들에게 즐거움의 도구를 모두 베푼다
면 곧 나머지 헤아릴 수 없는 중생을 핍박하고, 해치는 인연이 된다
는 것을 보기 때문이다."[146]라고 했다. 중생의 원을 모두 들어주어
만족해한다면 이에 대한 집착 때문에 오히려 고통스럽고 궁핍해질
수 있다. 그리고 한 극단에 치우치므로 불행해진다. 그래서 보살은
중생의 원을 모두 만족시켜 주어서는 안 된다는 것이다. 소위 자리
이타행이라는 것은 자신과 남 모두를 이롭게 하는 것이다. 그런데
일방적으로 한쪽을 희생하면서 다른 쪽을 이롭게 한다는 것은 일종
의 집착이다. 모든 것은 중도(中道)를 따른 연기관계로 보현행(普
賢行)[147]을 수행해야 한다.

　연기관계에서 자리보다 이타주의를 특별히 강조할 필요는 없다.
왜냐하면 상의적 관계에서는 나를 위하는 자리인 동시에 남을 위하
는 이타라야 하기 때문이다. 그래야만 서로의 주고받음이 자연스럽

146 『섭대승론석외』 | 변상
섭 옮김, 동국역경원, 2004,
472쪽.
147 보현행 | 한 가지 행을
실천하면 일체의 행을 구현
한다는 화엄의 수행.

고 올바르게 이루어질 수 있는 것이다. 만약 이타적 행위만을 강조한다면 남을 지나치게 사랑하거나 교화하며 배려함으로써 실은 상대방을 자의(自意)에 따라 구속하는 행위로써 오히려 자만심이 생기게 된다.

그래서 『유마경』에서 "이와 같이 관할 때 중생에 대해 애견대비(愛見大悲)[148]가 생기면 즉시 없애버려라."[149]고 했다. 진제적인 입장에서나 대중 전체의 안정된 이완을 달성코자 하면 중생들에 대한 불공평한 사랑이나 연민의 정에 빠져서는 안 된다. 즉 지나치게 한쪽의 유위적 행에 집착하지 말라는 것이다. 모든 행은 무위적인 것에서 자연스러운 주고받음만 이행하면 족한 것이다. 그렇지 않으면 정감적(情感的)인 견해에 빠지기 쉽다.

인간의 몸은 수많은 생명체(세포)로 이루어졌다. 이들을 잘 유지하고 통제하는 것은 제8식 아뢰야식에서 수행한다. 마음의 번뇌가 생기면 생명체들에 고통을 안겨주게 된다. 이런 고통은 다시 마음에 새로운 고통을 전해 준다. 나라고 하는 것은 수많은 생명체들의 연기관계에 있음을 알아야 한다. 남을 위해서 자비를 베풀기 이전에 자신이 거느리고 있는 또 자신을 이루고 있는 생명체들에게 자비를 베풀어 편히 지나도록 해야 한다. 나의 수많은 생명체들은 순수한 우주심을 지녔으며 나의 마음에 따라서 움직일 뿐이다.

그러므로 스스로 번뇌와 고통을 만들어 순진무구한 생명체들을 고통스럽게 하는 것은 가장 큰 죄악이다. 이런 행위에서 나오는 결과는 자신뿐만 아니라 타인에게까지 나쁜 연기관계를 맺도록 한다. 이런 점에서 먼저 자신의 생명체에 자비를 베풀어야 한다. 이를 위해서 지나친 육신의 고통을 유발하는 행위는 피해야 한다. 그리고

148 애견대비 | 사람을 보고 그 사람을 사랑하고, 이익을 주려고 하는 편중된 자애.
149 『유마경강의』 | 이기영, 한국불교연원, 2000, 362쪽.

천문학자, 우주에서 붓다를 찾다

항상 안정된 선정(禪定)에서 모든 생명체가 편히 지나도록 하는 게 열반의 근본이다.[150]

『디가 니까야』의 「확신경」에 보면 "마음이 삼매에 들어서 이 몸을 발바닥에서부터 위로, 머리털 끝에서부터 아래로, 살갗으로 둘러싸여 있고 여러 가지 부정한 것으로 가득 차 있음을 반조합니다. 즉 이 몸에는 머리털, 몸털, 손발톱, 이빨, 살갗, 살, 힘줄, 뼈, 골수, 콩팥, 염통, 간, 근막, 지라, 허파, 큰창자, 작은창자, 위, 똥, 담즙, 가래, 고름, 피, 땀, 굳기름, 눈물, 피부의 기름기, 침, 콧물, 관절활액, 오줌 등이 있다."고 했다.[151]

그리고『청정도론』에서는 "본래 이 몸은 300개가 넘는 뼈의 무더기인데 180개의 관절로 연결되어 있고, 900개의 힘줄로 묶여 있고, 900개의 살집이 붙어 있고, 축축한 살갗으로 싸여 있고, 표피로 덮여 있고, 여러 가지 크고 작은 구멍이 있고, 마치 기름 단지처럼 아래위에서 불순물이 배출되고, 벌레의 무더기가 거주하는 곳이고, 모든 병의 고향이고, 고통스런 현상(법)들의 토대이고, 아물지 않은 고질적인 종기처럼 아홉 개의 구멍으로부터 끊임없이〔부정한 것들이〕흘러내린다. 두 눈으로부터는 눈곱이 흘러내리고, 두 귀로부터는 귀지가, 두 콧구멍으로부터는 콧물이, 입으로부터는 음식물과 담즙과 침과 피가, 아래의 두 문으로부터는 대변과 소변이, 9만 9천 모공으로부터는 더러운 땀과 분비물이 흘러나온다."고 했다.[152]

위에서 우리 몸은 수많은 혐오스러운 것들로 이루어졌음을 보인다. 그러나 이것들은 살갗이나 옷으로 감추고 치장함으로써 언제나

150 『아비달마의 철학』 | 사쿠라베 하지매 지음 · 정호영 옮김, 2004, 182쪽.
151 『디가 니까야』 | 각묵스님, 초기불전연구원, 2006, 3권, D(28), 194쪽.
152 『청정도론』 | 붓다고사 스님 지음 · 대림스님 옮김, 초기불전연구원, 2005, 제1권, 제6장, 470쪽.

혐오스럽게 보이는 것은 아니다. 혐오스럽고 더럽게 보이는 이들은 모두 생명체이다. 이것들이 모여서 인간이라는 생명체를 이루고 있는 것이다. 이들 중 어느 하나도 부족하거나 작동이 잘못되면 우리는 병을 앓게 된다.

그런데 왜 우리는 우리 몸을 이루고 있는 이것들을 혐오스럽게 느껴야 하는가? 나 자신이 귀중한 생명체라면 나를 구성하고 있는 이것들도 모두 동등하고 귀중한 존재가치를 지닌 생명체들이다. 혐오스럽다는 것은 우리가 관습적으로 그렇게 배우고 익혀왔기 때문이다. 즉 만유는 모두 동등한 생명체라는 인식을 버리고 인간 중심적인 잘못된 인식 습관에 젖어온 결과이다. 이런 그릇된 인식에서 벗어나 우리의 보살행은 먼저 자신을 이루는 모든 생명체들을 귀하게 생각하는 것에서부터 시작해야 한다.

선재동자의 수행

『화엄경』의 「입법계품」에서 구도자(求道者)인 선재동자(善財童子)는 53선지식을 찾아다니며 보살행을 통해 최상의 깨달음을 얻는다. 선재동자는 문수보살에게 어떻게 보살행을 배우며, 어떻게 보살행을 닦으며, 어떻게 보살행에 나아가며, 어떻게 보살행을 행하며, 어떻게 보살행을 깨끗이 하며, 어떻게 보살행에 들어가며, 어떻게 보살행을 성취하며, 어떻게 보살행을 따라가며, 어떻게 보살행을 기억하며, 어떻게 보살행을 더 넓히며, 어떻게 보살행을 속히 성취할 수 있는가를 물었다. 문수보살은 많은 선지식을 찾아 배우도록 했다. 선재동자가 선지식들을 만나서 들은 것들을 간추려 보면 아래와 같다.[153]

◉ 보살의 행을 구하며, 보살의 경계를 구하며, 보살의 벗어나는 도를 구하며, 보살의 청정한 도를 구하며, 보살의 청정하고 광대한 마음을 구하며, 보살의 성취한 신통을 구한다. 보살의 해탈문 보임을 구하며, 보살이 세간에서 짓는 업을 나타내기를 구하며, 보살이 중생의 마음에 따라줌을 구하며, 보살의 생사와 열반문을 구하며, 보살이 유위와 무위를 관찰하되 마음에 집착이 없음을 구함이다.

153 『신역 화엄경』, 法頂 옮김, 동국대학교 역경원, 1994, 198~402쪽.

천문학자, 우주에서 붓다를 찾다

선남자여, 중생들이 선근을 심지 않으면 위없는 보리심을 낼 수 없으니 보문(普門)[154]의 선근 광명을 얻어야 한다. 또 진실도인 삼매의 광명을 갖추어야 하고, 여러 가지 광대한 복 바다를 내야 하고, 희고 깨끗한 법을 자라게 하는 데에 게으름이 없어야 하고, 선지식을 섬기는 일에 고달픈 생각을 내서는 안 되고, 몸과 목숨을 돌보지 말고 쌓아두는 일이 없어야 한다. 평등한 마음이 대지와 같아서 높고 낮음이 없어야 하고, 항상 모든 중생을 사랑하고 가엾이 여겨야 하고, 모든 생명의 길을 생각하며 버리지 말아야 하고, 항상 여래의 경계를 관찰하기를 좋아해야 그와 같은 보리심을 발할 수 있다.

착한 법으로 자기 마음을 붙들고, 법의 물로 자기 마음을 적시고, 모든 환경에서 자기 마음을 깨끗이 다스리고, 정진으로 자기 마음을 굳게 하고, 인욕으로 자기 마음을 평온하게 하며, 지혜의 증득으로 자기 마음을 결백케 하고, 지혜로써 자기 마음을 밝게 하고, 부처님의 자재함으로 자기 마음을 개발하고, 부처님의 평등으로 자기 마음을 너그럽게 한다. 이렇게 함으로써 몸 가운데 모든 세계가 이루어지고 무너짐을 나타내어도 자기 몸과 여러 세계가 둘이란 생각을 내지 않는다.

세상을 보되 눈앞에 대하듯 하며, 뜻 깊은 법장(法藏)[155]을 설함이 바다가 다함이 없는 것과 같으며, 큰 광명을 놓아 시방세계를 두루 비추니 이를 보는 이는 반드시 모든 장애의 큰 산을 헐고, 온갖 선하지 못한 근본을 뽑아버리고 반드시 광대한 선근을 심는다.

세간의 종자를 여의고 여래의 종자에 머물며, 생사의 바퀴를 버리고 바른 법륜을 굴리며, 삼악도(三惡道)[156]를 없애고 바른 법에 머물러 보살들과 같이 모든 중생을 구호한다.

탐욕이 많은 이에게는 부정관(不淨觀)을 가르치고, 남을 미워하고 성을 잘 내는 이에게는 자비관을 가르치고, 어리석음이 많은 이에게는 여러 가지 법의 모양을 분별하도록 가르치고, 이 세 가지가 균등한 이에게는 아주 뛰어난 법문을 보여준다.

이 국토에 있는 중생들이 오탁악세(五濁惡世)[157]에 나쁜 짓을 많이 지었으므로 내가 연민히 여겨, 그들을 구호하여 보살의 자비가 으뜸이 되어 세간을 따라주는 삼매에 들어가도록 한다.

모든 중생의 마음 바다를 맑히고, 모든 세계의 바다를 빨리 청정하게 하며, 시방의 큰 바다에 들어가 중생의 근기를 알고, 모든 중생의 수행을 알고, 모든 중생의 마음에 두루 따른다.

154 보문 | 하나 가운데 일체가 갖추어져 있음을 가리킴.
155 법장 | 경전을 가리키는 말.
156 삼악도 | 죄악을 범한 결과로 태어나서 고통을 받는 지옥, 아귀, 축생 등.
157 오탁악세 | 나쁜 5가지 더러움. 겁탁(劫濁)─수명이 다함에 따라 근기·질병이 일어남. 세월의 더러움. 견탁(見濁)─사견(邪見), 사법(邪法)이 일어남. 번뇌탁(煩惱濁)─번뇌가 가득하여 흐려짐. 중생탁(衆生濁)─악한 행위만을 하여 인륜 도덕을 돌보지 않음. 명탁(命濁)─인간의 수명이 차례로 단축됨.

◉ 한 몸이 단정히 앉아서도 법계에 가득하며, 자신의 몸 속에 모든 세계를 나타내며, 잠깐 동안에 모든 부처님 계신 데 나아가며, 자신의 몸 속에서 모든 부처님의 신통력을 나타내며, 한 생각에 말할 수 없이 많은 중생들과 함께 있으며, 한 생각에 말할 수 없이 많은 겁에 들어가는 일이야, 내가 어떻게 알며 그 공덕의 행을 어떻게 말할 수 있겠는가.

◉ 나는 시방 모든 세계의 여래들이 끝내 열반에 드는 이가 없는 줄로 안다. 그러나 중생을 교화하기 위해 일부러 그와 같이 보일 뿐이다.

◉ 나는 보살의 이 대비행의 문으로 모든 중생을 교화하여 끊이지 않는다. 대비행을 수행하여 항상 모든 중생을 구호하려 한다. 모든 중생이 험난한 길의 두려움에서 벗어나고, 번뇌의 두려움, 미혹의 두려움, 속박의 두려움, 살해의 두려움, 가난의 두려움, 생활하기 어려운 두려움, 악명의 두려움, 죽음의 두려움, 대중의 두려움, 나쁜 길의 두려움, 암흑의 두려움, 사랑하는 이와 헤어짐의 두려움, 원수를 만나는 두려움, 몸을 핍박하는 두려움, 마음을 핍박하는 두려움, 걱정과 슬픔의 두려움에서 벗어나기를 원한다.
중생들을 두려움에서 벗어나게 하고, 다시 가르쳐서 위없는 보리심을 발하고 영원히 물러나지 않게 한다.

◉ 내가 악도에 떨어질 중생들을 구원하듯이, 모든 중생을 널리 구원하여 온갖 고통에서 해탈하고 바라밀인 출세간의 성도(聖道)에 머물러 일체지에서 물러가지 않게 하며, 보현의 서원을 갖추어 일체지에 가까워지며, 보살행을 버리지 않고 부지런히 모든 중생을 교화하여지이다.

◉ 왜냐하면 여래는 지나감이 아니니 세속의 길이 아주 없어졌기 때문이다. 오는 것이 아니니 자체의 성질이 무생(無生)이기 때문이며, 생이 아니니 법신이 평등하기 때문이며, 멸이 아니니 나는 모양이 없기 때문이며, 실(實)이 아니니 허깨비와 같은 법에 머물기 때문이다. 또 허망함이 아니니 중생을 이롭게 하기 때문이며, 변천함이 아니니 생사를 초월하기 때문이며, 무너짐이 아니니 성질이 항상 변하지 않기 때문이며, 한 모양(一相)이니 말을 떠났기 때문이며, 모양이 없으니 바탕과 모양이 본래 공하기 때문이다.

◉ 어떤 중생이 신체가 불구면 법을 설하여 여래의 청정한 육신을 얻게 하고, 어떤 중생이 용모가 추하면 법을 설하여 위없는 청정한 법신을 얻게 하고, 어떤 중생이 근심 걱정에 시달리면 법을 설하여 여래의 필경 안락을 얻게 하고, 어떤 중생이 가난에 쪼들리면 법을 설하여 보살의 공덕 보장을 얻게 하고, 어떤 중생이 원림(園林)에 머무르면 법을 설하여 그에게 불법 인연을 부지런히 찾도록 하고, 어떤 중생이 길을 가면 법을 설하여 일체지의 길

로 나아가게 한다.

◉ 보살은 이와 같이 순간순간 모든 중생을 성숙케 하며, 순간순간 모든 부처님 세계를 깨끗이 정화하며, 순간순간 모든 법계에 두루 들어가며, 순간순간 허공계에 두루 가득하며, 순간순간 모든 삼세에 두루 들어가며, 순간순간 일체 중생의 지혜를 성취하고 조복하며, 순간순간 온갖 법륜을 굴리며, 순간순간 일체지의 도로써 중생을 이롭게 한다.

◉ 이를테면, 해는 낮과 밤이 없지만 뜨는 때를 낮이라 하고 지고나면 밤이라 한다. 보살의 지혜도 그와 같아서 분별도 없고 삼세도 없지만 교화 받을 중생이 마음에 나타남을 따라 머물러 있는 것을 말하며 전겁이니 후겁이니 한다. 해가 허공에 떠 있을 때 그 그림자가 강이나 바다의 맑은 물에 비추어 중생들이 눈으로 보지만 그 해가 여기에 온 것이 아니다. 보살의 지혜도 그와 같아서, 생사의 바다에서 나와 부처님의 실다운 법에 머물러 고요한 허공에서 의지한 데가 없지만, 중생들을 교화하기 위해 여러 길에서 종류를 따라 태어난다. 그러나 실지로 나고 죽지도 않고 물들지도 않으며 길고 짧은 세월이라는 분별도 없다.

◉ 보살이 열 가지 태어나는 장(藏)이 있는데, 첫째는 모든 부처님께 항상 공양하기를 원함이며, 둘째는 보리심을 발함이며, 셋째는 여러 법문을 관찰하고 부지런히 수행함이며, 넷째는 깊고 청정한 마음으로 삼세를 두루 비춤이며, 다섯째는 평등한 광명이며, 여섯째는 여래의 집에 남이며, 일곱째는 부처님 힘의 광명이며, 여덟째는 넓은 지혜의 문을 관찰함이며, 아홉째는 장엄을 널리 나타냄이며, 열째는 여래의 지위에 들어가 태어남이다.

◉ 선남자여, 보살이 열 가지 법을 성취하면 인드라망 같은 넓은 지혜광명인 보살행을 가득 채우게 될 것입니다. 그 열 가지란, 선지식을 의지하고, 광대하고 뛰어난 이해를 얻고, 청정한 욕락(欲樂)을 얻고, 온갖 복과 지혜를 모으고, 여러 부처님 처소에서 법을 듣고, 마음에 항상 삼세 부처님을 버리지 않고, 모든 보살행과 같고, 모든 여래께서 보호하고 생각하고, 큰 자비와 서원이 다 청정하고, 지혜의 힘으로 모든 생사를 모두 끊는 일들입니다.

◉ 선남자여, 보살이 열 가지 법을 성취하면 선지식을 가까이 섬길 수 있다. 마음이 청정하여 아첨과 속임에서 벗어나고, 크게 가엾이 여김이 평등하여 중생을 널리 거두고, 중생들에게 진실함이 없음을 알고, 일체지에 나아가는 마음이 물러나지 않고, 믿고 이해하는 힘으로 모든 부처님의 도량에 널리 들어가고, 맑은 지혜의 문을 얻어 법의 성질을 알고, 크게 인자함이 평등하여 중생을 두루 감싸주고, 지혜의 광명으로 허망한 경계를 훤출하게 하고, 감로

의 비로 생사의 열을 식히고, 광대한 눈으로 모든 법을 철저히 살피고, 마음이 항상 선지식을 따르는 일들이다.

⊙ 선남자여, 또 당신은 자기 자신은 환자와 같이 생각하고 선지식은 의사와 같이 생각하며, 말씀하는 법은 좋은 약으로 알고, 닦는 행은 병을 없애는 일로 아십시오. 또 자신은 먼 길을 떠난 나그네로 생각하고 선지식은 길잡이로 생각하며, 말씀하는 법은 곧은 길로 여기고, 닦는 행은 갈 곳에 도달한 것으로 아십시오. 자신은 강을 건너려는 길손으로 생각하고 선지식은 뱃사공으로 생각하며, 말씀하는 법은 노처럼 알고, 닦는 행은 기슭에 닿는 일로 아십시오. 자신은 곡식의 모종으로 생각하고 선지식은 용왕으로 생각하며, 말씀하는 법은 비처럼 여기고, 닦는 행은 곡식이 영그는 일로 아십시오.

⊙ 보살은 오는 일도 없고 가는 일도 없이 그렇게 온다. 다니는 일도 없고 머무는 일도 없이 그렇게 온다. 처소도 없고 집착도 없고 없어지지도 않고 나지도 않으며, 머물지도 않고 옮기지도 않고 일어나지도 않으며, 연연함도 없고 애착도 없고 업도 없고 과보도 없으며, 생기지도 않고 멸하지도 않고 아주 없지도 않고 항상하지도 않으면서 그렇게 온다.

선남자여, 보살은 크게 가엾이 여기는 곳(大悲處)에서 오나니 중생들을 조복하기 위해서이며, 크게 인자한 곳(大慈處)에서 오나니 중생들을 구하기 위해서다. 맑은 곳에서 오나니 좋아함을 따라 태어나기 때문이며, 크게 서원한 곳에서 오나니 예전에 원을 세운 힘으로 유지하기 때문이다. 신통한 곳에서 오나니 모든 곳에 좋아하는 대로 나타나기 때문이며, 동요함이 없는 데서 오나니 모든 부처님을 항상 떠나지 않기 때문이며, 취하고 버림이 없는 데서 오나니 몸과 마음을 부려서 가고 오지 않기 때문이며, 지혜와 방편인 데서 오나니 영상처럼 화하여 나타나기 때문이다.

⊙ 선재동자는 열 가지 지혜바라밀을 얻었다. 순간마다 모든 부처님 세계에 두루하는 지혜바라밀, 순간마다 모든 부처님 처소에 나가는 지혜바라밀, 순간마다 모든 여래께 공양하는 지혜바라밀, 순간마다 모든 여래 처소에서 법을 듣고 받아지니는 지혜바라밀, 순간마다 모든 여래의 법륜을 생각하는 지혜바라밀, 순간마다 모든 부처님의 불가사의한 큰 신통을 아는 지혜바라밀, 순간마다 한 마디 법을 말하시는데 오는 세상이 끝나도록 변재가 다하지 않는 지혜바라밀, 순간마다 깊은 반야로 모든 법을 관찰하는 지혜바라밀, 순간마다 모든 법계와 실상 바다에 들어가는 지혜바라밀, 순간마다 중생의 마음을 아는 지혜바라밀, 순간마다 보현보살의 지혜와 행이 모두 앞에 나타나는 지혜바라밀 등이다.

『단경』에서 혜능선사는 "만약 스스로 깨친 이라면 밖으로 선지식에 의지하지 않는다. 밖으로 선지식을 구하여 해탈 얻기를 바란다면 옳지 않다. 자기 마음 속의 선지식을 알면 곧 해탈을 얻느니라."[158]고 했다. 여러 선지식들을 만남으로써 지혜의 눈을 뜨고, 행의 도리를 터득하지만 참된 선지식은 바로 자신의 본성을 이루고 있는 근본심인 것이다. 이것을 잘 현현함으로써 해탈의 경지에 이를 수 있다. 그래서 자신의 내면에 들어있는 선지식을 반드시 찾아보라는 것이다.

(9) 사종법계와 육상원융

우주 내 만물은 물질의 속성인 우주심을 지닌다. 이것의 근본 특성은 최소작용의 원리에 따른 무위적 진화이다. 개체들은 서로 간에 에너지의 수수교환으로 모두가 초기의 고유 자성을 잃으면서 안정된 이완 상태로 진행해 간다. 따라서 자신이 어디서 와서 어디로 가는지에 대한 삼세의 흐름에 무관한 채 무위적 우주 질서에 따라 계속 진화해 갈 뿐이다.

별들이나 은하들은 조우, 섭동으로 초기의 고유한 자성을 유지할 수 없다. 이것이 천체들의 세계에서 일체개고이고 제행무상이며 제법무아이다. 별과 같은 삶은 바로 불법의 실현이며, 아집(我執)과 법집(法執)[159]도 없이 모두가 동등한 존재자로 함께 열반에 이르게 된다. 집단연기에서 역학적 진화의 과정을 거쳐 안정된 이완 상태에 이르면서 집단의 고유한 특성이 형성되는데 이것이 집단의 열반적정의 경지이며, 여기에 무위성, 평등성, 보편성, 이완성 등이 내포된다.

158 『古鏡』│퇴옹성철 편역, 장경각, 불기 2538년, 「돈황본단경」, 102쪽.
159 아집│아(我)를 불변하는 실체로 잘못 알고 집착하는 것.
법집│외부 대상이 실재하지 않는데 잘못 알고 이에 집착하는 것.

우주 대폭발 이후 약 150억 년의 역사를 지나는 동안 태양과 지구는 약 100억 년 후에 탄생되었다. 그리고 지상에서 생명의 씨앗은 약 104억 년 후에 나타나고, 인간의 최초 조상은 약 149억 9천 6백만 년 후에 나타났다. 그 후 400만 년 동안 지상의 자연이 호흡하고 우주의 신비한 질서를 따르면서 오늘날까지 진화해 왔다. 그러므로 자연의 만물과 함께 인간도 우주의 질서인 우주심을 따라왔음이 틀림없는 사실이다.

즉 우리 육신에는 우주 물질의 근본 속성인 우주심이 근본심으로 내재하면서 언제나 이를 발현하고자 하는 것이다. 다만 인간의 욕망에 억눌려 청정한 근본심이 잘 발현되지 못할 뿐이다. 우리가 불법을 익히고 실천하는 것은 바로 이러한 근본심을 현현하며 깨침에 이르고자 하는 간절한 소망 때문이다. 그리고 근본심은 곧 우주심이므로 깨침은 단순한 자기 부처의 현현을 넘어서 우주 즉 화엄세계와의 합일을 뜻한다.

불교는 결코 인간 중심이나 또는 인간 우위의 종교가 아니라 우주 만유의 생멸 진화에 관한 우주의 질서를 제시하고, 이를 따름으로써 동등하고 평등하며 안정된 이완계인 조화로운 화엄세계를 이룰 수 있음을 보인다. 이런 관점에서 불교는 일종의 우주철학이다. 단지 지상의 인간에 국한될 경우에는 인간 존재의 참된 가치를 불법에 따라 실현토록 해야 한다. 이때에도 인간과 자연의 유기적인 공존적 연기성은 필수적이며 반드시 조화롭게 이루어져야 한다.

만유를 포함한 광대한 우주는 현상의 세계(사법계─사물과 현상의 영역)와 본체의 세계(이법계─원리, 진리의 영역), 사물과 현상들이 우주적 섭리에 따라 원융하여 일체화된 세계(이사무애법계), 사물과 현상들이 서로 교섭하며 원융하여 걸림 없이 하나 된 세계(사사무애법계)라는 사종법계(四種法界)로 이루어진 광대한 화엄법계이다.

이사무애에 따른 사사무애란 역동적이고 유기적인 연기 작용을 통하여 이루어지는 평형 상태의 이완계를 뜻한다. 따라서 화엄세계란 우주의 이치를 따르면서 무위적으로 이루어지는 안정된 세계로서 보편성과 평등성을 보이는 이완의 세계인 것이다. 즉 우주의 열반상태이다.

이 중에서 특히 사사무애법계는 육상원융이라는 특성을 지닌다. 예를 들면 〈그림19〉에서 보인 것처럼 첫째 총상(總相)은 집단의 전체를 나타내고(全體性), 별상(別相)은 집단의 구성원으로서 개체이며(個體性), 동상(同相)은 개체들 존재의 동등성(同等性)이고, 이상(異相)은 개체들의 다양성(多樣性)이며, 성상(成相)은 집단의

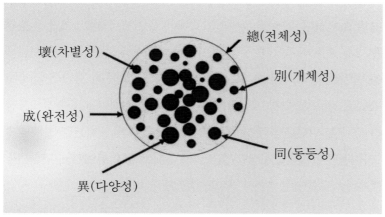

[그림19] **집단의 육상원융** | 육상인 총상, 별상, 동상, 이상, 성상, 괴상의 각 특징을 비교했다.

안정된 이완계(完全性)를 나타내고, 괴상(壞相)은 개체들 자성의 차별성(差別性)을 나타낸다.

그래서 전체성이 없으면 개별성이 없고, 개별성이 없으면 전체성이 없다. 또한 구성원의 동등성이 없으면 구성원의 다양성이 없고, 구성원의 다양성이 없으면 구성원의 동등성이 없다. 완성된 계가 없으면 구성원의 차별적 자성이 없고, 구성원의 차별적 자성이 없으면 완성된 계가 없다. 총상·동상·성상은 연기적 구속 상태를 나타내는 원융문(圓融門)이라 하고, 별상·이상·괴상은 독립적 개체성을 나타내는 것으로 항포문(行布門)이라 한다.

육상원융에 의한 성단(星團)의 이완을 살펴보면 다음과 같다.

수많은 별들로 이루어진 성단 전체는 총상에 해당하며, 별들은 성단을 이루는 구성원으로서 별상이다. 성단을 이루고 있는 별들에는 질량이 큰 것과 작은 것 등 여러 종류의 별들이 존재한다. 이런 다양성이 이상에 해당한다. 별들이 연기적 수수관계를 거치면서 에너지의 등분배가 일어난다. 그러면서 별들은 동등한 존재가치를 지니는데 이것이 동상에 해당하며, 이런 상태에서 성단 전체가 안정된 이완계를 이루는데 이것이 성상에 해당한다. 이 상태에서 무거운 별들은 성단의 중심부로 모이고, 가벼운 별들은 성단의 외각에 주로 분포하며 제자리를 찾아가는 차별성이 괴상에 해당한다. 성단의 별들은 총상, 별상, 동상, 이상, 성상, 괴상의 6상을 거치면서 성단 전체가 원융하여 걸림 없는 사사무애 상태에 이르게 된다. 즉 역학적으로 안정된 이완 상태를 이룬다.

법장(法藏)은 기와, 기둥, 대들보 등등으로 집을 짓는 것으로 육상원융의 예를 들었다.[160] 즉 총상은 하나의 집이라는 구조고, 별상은 기와, 기둥, 대들보 등등의 다양한 재료이며, 동상은 이들이 집을 짓는데 똑같이 중요하다는 것이며, 이상은 모든 재료들이 각기 다르다는 것이며, 성상은 모든 재료들로서 완전한 집을 이루는 것이고, 괴상은 집 구조에서 각 재료들이 제자리에 놓여 있는 것이다. 이런 정적(靜的) 상태에서는 구성원들 간의 역동적인 연기관계가 잘 드러나지 않는다. 따라서 앞서 성단의 예에서 보인 것처럼 긴밀한 역동적 연기 작용을 통해 이루어지는 육상원융이 보다 더 효과적임을 알 수 있다.

우리 사회에는 정치인, 상업인, 노동자, 농민, 학자, 학생 등등 다양한 계층의 무리들이 있다. 이들 전체가 총상이다. 이들 각자는 사회의 구성원으로서 별상에 해당한다. 그런데 모든 계층의 구성원은 그 존재 가치가 동등하다. 즉 각자 맡은 바 일은 동등한 가치를 지니는 동상이다. 각 계층의 사람들이 하는 일은 똑 같지 않고 각기 다른 다양성을 보이는 것이 이상이다. 이들 계층의 사람들이 자기 일을 충실히 하면서 모두가 사회를 안정되게 잘 꾸려 갈 때 성상에 이르렀다고 한다. 즉 원융무애한 이완계를 이루었다는 것이다. 그리고 각 계층은 다른 계층과 조화로운 연기관계를 유지하면서 맡은 바 소임을 충실히 수행하는 것이 괴상이다.

불교 사회에서 해야 할 일 중의 하나는 사회나 국가 전체가 항상 육상원융을 이룩해 가도록 불법을 널리 펴는 것이다. 이런 과정에서 모두가 올바른 깨달음에 이를 수 있는 것이다.

160 『화엄의 세계』| 해주스님, 민족사, 2005, 227쪽.

(10) 일승보살도

개체는 각기 다른 특성을 가지지만 연기적 과정을 거치면서 고유한 자성의 소멸이 발생한다. 비록 개체로서 존재하지만 집단 전체의 일원으로서 집단의 고유 특성에 의해서 개체의 특성이 규정된다. 이런 과정에서 자연스러운 무위적 보살도가 이루어지는 것이 육상원융적 일승보살도(一乘菩薩道)[161] 즉 대승보살도(大乘菩薩道)이다. 이를 위해 필요한 것이 앞서 살펴본 보리심[162]의 근본을 대자대비(大慈大悲)로 하는 보현행원과 대승적 보살[163]의 수행이다.

여기서는 제도를 하는 자와 받는 자의 분별이 없이 서로 서로 주고받음이 일어나므로 특정한 보살이 존재하지 않는다. 다만 집단 내에서 보살들의 역할 분야나 영역이 다를 뿐이지 모두는 동등한 역할을 수행한다. 소위 무위성, 보편성, 평등성, 이완성이라는 특성을 지니는 집단이므로 여기서는 우주심이 현현한다. 결국 육상원융적 일승보살도는 근본심이 발현되는 이완상태에서 행하는 보살도를 뜻한다. 즉 깨달음에 이르렀지만 깨달음에 여의치 않고 세속에 들어와 모두가 원융무애한 깨달음에 이르도록 제도하며 수행하는 보살도이다. 이것은 자신의 깨달음을 근본으로 하는 소승적 보살도와는 근본적으로 다르다.

대승(마하연)은 근본심의 수레이다. 우주 만유가 타고 가는 수레로서 우주심의 수레이다. 범부, 성문승, 연각승, 보살 모두가 타고 가는 일승의 수레이다. 궁극적으로 만유는 일승에 귀의하지 않으면 안 되므로 인간은 사후에도 무여열반으로 이 수레를 타고 가는 것

161 일승 | 중생을 깨달음으로 이르게 하는 교리를 비유한 말. 소승·대승·삼승(성문, 연각, 보살)이 모두가 하나로 귀일(歸一)한다는 가르침.
162 보리심 | 위로는 보리를 구하고 아래로는 중생을 교화하려는 마음(上求菩提 下化衆生). 여기서 보리는 불교 최고의 이상인 바른 깨달음의 지혜이다.
163 보살 | 깨달음의 성취를 바라는 사람. 대승에서는 재가자와 출가자 모두에 통하고 발심하여 불도를 행하는 자(스스로 불도를 구하고, 타인을 구제하여 깨닫게 하는 자)〔『불교대사전』: 김길상 편자, 홍법원, 1998〕

천문학자, 우주에서 붓다를 찾다

이다.

원효대사는 "큰 수레란 무엇이냐? 그것은 곧 사람들의 마음(중생심)이다. 그리고 이 마음으로 말미암아 이 세계의 사물(세간법)과 관념(출세간법) 등이 그 존재 이유를 가지게 되는 것이므로 우리는 이 마음으로써 큰 수레의 의미를 밝힐 수 있는 것이다."[164]라고 했다. 일승보살이 타고 가는 수레는 이처럼 궁극적 진리의 마음 즉 우주심을 싣고 가는 것이므로 그들의 보살행도 이 우주심을 근거로 한다.

(11) 십현문

만유가 연기관계로 서로 상즉상입하며 원융무애한 중중무진의 세계에서 사사무애법계의 연기성과 존재성에 관련된 10가지 무애 세계를 십현문(十玄門)이라고 하며, 법장의 십현문(십현연기 또는 십현무애라고 함)은 아래와 같다.

① 동시구족상응문 : 십현연기의 총설로서, 하나 속에 전체 (一中多) 있고, 하나가 곧 전체(一卽多)이다.
② 광협자재무애문 : 큰 것과 작은 것이 서로가 서로를 포섭한다. 즉 큰 것이 작은 데 들어가고 작은 것이 능히 큰 것을 함용한다. 예를 들어 한 겨자씨 속에 수미산이 들어간다.
③ 일다상용부동문 : 하나와 전체가 서로 융섭하는 것이다. 즉 하나가 곧 전체, 전체가 곧 하나(一卽多 多卽一)이다. 경에 서 "하나 가운데 무량함을 알고 무량한 가운데 하나를 알

164 『원효사상』 | 이기영, 한 국불교연구원, 2002, 104쪽.

아, 저들이 서로 생기함을 알면 마땅히 무외소를 이루리라"고 했다.

④ 제법상즉자재문 : 연기과정으로 고유 자성을 여읨으로써 동등해지는 것이다.

⑤ 은밀현료구성문 : 연기성은 〈은/현〉의 존재성이다. 즉 하나가 나타나면 다른 것이 숨고, 다른 것이 나타나면 하나는 숨는다. 예를 들면, 금사자상을 보고 금에 관심을 가지면 사자가 숨고(사자가 보이지 않고), 사자의 모양에 관심을 두고 보면 금이 숨는다.(금이 보이지 않는다)

⑥ 미세상용안립문 : 미세한 것이 큰 것을 함용함이 상용이고, 이들이 섞이지 않으므로 안립(安立)이라 한다. 예를 들면, 티끌 속에 우주가 들어 있다.

⑦ 인드라망경계문 : 우주 인드라망의 중중무진한 연기. 즉 만유의 유기적인 연기체계.

⑧ 탁사현법생해문 : 연기적 개체가 각기 법성을 지닌다.

⑨ 십세격법이성문 : 십세(十世)[165] 간에 걸쳐 만유는 이완계를 이루어 간다. 따라서 일념이 십세 무량겁(無量劫-무한 시간)이고, 무량겁이 일념이다. 즉 한 생각 속에 무한 시간에 걸친 우주적 정보가 내재하고 우주적 정보가 한 생각 속에 들어 있다.

⑩ 주반원명구덕문 : 주체와 객체가 서로 연기적으로 평등하게 이완된 것을 뜻한다.

(12) 연기법계와 우주의 본성

존재를 연기관계의 한 양식으로 볼 때 존재는 한정된 계(系)나 미리 정해진 계에 국한되지 않고 무한한 연기관계에서 정의된다. 소위 존재는 우주적 인드라망의 연기성에서 규정된다. 즉 연기는 우주적으로 연결되어 있으므로 존재도 우주적 전체성에서 정의된다. 이것이 바로 만유의 화엄세계이다.[166]

우주 만유는 우주적 연기의 인드라망에 걸려 이 우주를 빠져나갈 수 없다. 인드라망의 한 그물에 걸려 있는 물체가 움직이면 이 영향이 우주 전체로 퍼져 나간다. 다만 그 힘이 멀어질수록 약해질 뿐이다. 이런 현상이 실현되고 있는 곳이 바로 우주의 연기법계이다. 여기서는 만유의 성주괴공(成住壞空)과 개체의 생주이멸(生住異滅)이 연기 작용과 최소작용의 원리에 따라 이루어지고 있다.

우주는 다양한 물질로 구성되었고 또 다양한 물체가 존재한다. 천체가 있고, 가스와 티끌로 된 물질이 있고, 우리가 흔히 말하는 생명체도 있다. 2천 억 개 이상의 별들로 이루어진 우리 은하계 내에서 우리와 같은 지적 생명체가 존재할 수 있는 지구와 비슷한 행성은 수억 개나 있을 것으로 추정된다. 이들은 우리보다 더 진화될 수도 있고 또 덜 진화되었을 수도 있다. 우주 내에서 생물학적 환경이 갖추어지면 언제 어디서나 우리와 같은 지적 생명체가 존재할 수 있다는 것이 우주론적 인간 원리이다.

그러면 이들 생명체도 우리처럼 우주의 본성을 연구할 것이다. 그렇다면 궁극적으로 우주의 본성은 무엇일까? 이것은 적어도 약

166 『화엄철학』 | 까르마 츠앙 지음·이천수 옮김, 경서원, 2004, 63쪽.

150억 년 동안 우주 진화와 함께 계속되어 온 속성이라야만 한다. 그리고 적어도 우주적 본성에는 우주적 진화의 특성이 들어 있어야 하고 또 우주 내 모든 지적 생명체가 동의할 수 있어야 한다. 그 결과로 추려 본 우주적 본성은 아래와 같다.

① 무위성 : 자연의 진화는 '작위함이 없지만 작위하지 않음도 없다(無爲而無不爲).' 이 무위성은 우주적 자연성(自然性)에 해당한다.

② 보편성 : 자연에서 일어나는 것은 어디서나 평범하며, 유일한 특이성은 존재하지 않는다. 인간이 느끼는 특이성은 인식의 제한성에 기인한다. 예를 들어 초고밀도의 블랙홀이 아주 특별한 천체로 보이지만 별의 생멸이 이어지고 있는 우주에서는 흔한 보편적 천체에 속한다.

③ 평등성 : 연기적 관계에서는 주객의 대립이 아니라 서로 주고받는 무아의 평등한 관계로 모두의 존재 본성은 동등하다. 즉 각자가 맡은 역할은 동등하다는 것이다. 따라서 우주에서 불평등은 존재하지 않는다.

④ 이완성 : 무위적 연기과정은 최소작용의 원리를 따라 일어난다. 이 과정에서 개체의 정체성이 사라지면서 가장 안정된 평형상태에 이른다. 즉 최소 에너지로 작용하며 항상 최소 에너지 상태에 머문다는 것으로 언제나 들뜨지 않는 안정된 상태를 이룬다. 여기서 이완이란 공동체의 집단 내에서 서로가 서로를 포섭하며 원융무애한 관계를 이룬다는 뜻이다.

천문학자, 우주에서 붓다를 찾다

이것이 소위 우주의 본성인 우주심이다. 여기서 마음이란 심(心)을 부친 이유는 만물은 생의를 가졌다고 보기 때문에 이 만물을 생명력을 발휘하는 마음을 가진 것으로 본 것이다. 우리 몸을 구성하고 있는 물질에도 이런 우주심이 들어 있으며 이것이 청정한 근본심으로 작용한다. 무기물은 항상 이 우주심을 현현하고 있지만 인간은 인간의 특성인 생동심에 근본심이 가려서 잘 발현하지 않기 때문에 힘든 수행이란 과정이 필요한 것이다. 고양된 자아실현을 위한 니체(Friedrich Wilhelm Nietzsche, 1844~1900)의 건강철학[167]도 실제는 자연에 겸손하게 순응하며 우주심을 따를 때 달성될 수 있는 것이다.

지상의 모든 종교는 인간 중심적 신앙을 바탕으로 한다. 그러나 우리가 우주의 본성인 우주심을 믿는다면 이것은 모든 종교를 초월한 일종의 우주적 신앙에 해당하며, 이것이 바로 우주적 화엄세계에 대한 믿음인 것이다.

하이데거는 인간 이외의 다른 존재자에게는 마음이 없다고 보는데 이것은 합당치 못한 생각이다.[168] 만유는 생의를 지닌 생명체이다. 그러므로 만유는 마음을 가진다. 이 마음이 우주심이다. 그래서 물질이 존재하면 거기에는 반드시 마음이 일어난다. 이것이 곧 마음과 물질은 둘이 아니라는 물심불이(物心不二)이다. 마음과 존재의 이해는 별개의 문제이며, 인간에 국한된 것일 뿐이다. 우주심을 지닌 존재자에겐 존재의 이해가 필요치 않다. 오직 생동심을 지니고 번뇌를 일으키는 인간만이 내면에 들어 있는 우주심을 망각하기 때문에 존재의 이해가 요구될 뿐이다. 하이데거는 이를 위한 도구로 말이 필요하다고 했다.

167 『니체, 생명과 치유의 철학』 | 김정현, 책세상, 2006, 394쪽.
168 『하이데거와 화엄의 사유』 | 김형효, 청계, 2004, 492쪽.

인간은 자연의 만유와 연기관계를 맺고 있는 이완된 존재이므로 인간도 만유와 같은 사물이다. 그러므로 인간도 다른 사물과 함께 사사무애의 관계 속에서 지내고 있는 것이다. 여기서 사물은 단순한 대상이 아니라 존재의 본성을 지닌 관계자이다. 즉 사물이 단순히 표상(表象)과 이용의 대상이 아니라 우리와 동등한 존재자로서의 연기적 관계를 맺고 있는 타자(他者)인 것이다.

그러므로 길바닥의 돌도 우리와 동등한 존재자인 것이다. 따라서 내 마음대로 돌을 던지고 부수는 행위는 반대로 돌이 나를 던지고 부수는 행위와 같은 것에 해당한다. 그런데도 인간은 자연을 인간 마음대로 조종하고 있다. 이것이 바로 나라는 인간을 망치고 있는 행위이다. 오늘날 인간은 생명의 평등성과 존귀함을 모른 채 인간만이 만물의 영장이라는 환상 속에서 살아가고 있다. 인간은 자연에 대해 저지른 나쁜 업에 따라서 인류의 멸망이 점점 닥쳐오고 있는 것도 아랑곳 않고 있는 듯하다.

인간과 우주의 비교

인간 세계와 우주 사이에는 상당한 차이가 있다. 인간에게는 무명(無明)과 애(愛) 때문에 고(苦)가 생기지만 자연에서는 고가 연기관계에 따른 단순한 사건에 해당한다. 인간이 우주의 한 구성원이면서도 이런 차이를 보이는 것은 대상에 대한 집착심과 분별심 그리고 자기중심적인 자아의식 때문이다. 이로 말미암아 주체와 객체가 분별되는 자타부동(自他不同)으로 주관적 연기관계가 일어난다. 그러나 분별심이 없고 상즉상입하는 자연에서는 자타가 동일하므로 객관적 연기관계가 일어난다.

격심한 생동심에 얽매인 인간은 자연의 섭리를 잘 따르지 못하고 주관적으로 연기관계를 이루어가므로 자연의 섭리에 어긋나는 이사장애(理事障碍)와 대상과 대상, 현상과 현상 사이의 조화로움을 해치는 사사장애(事事障碍)를 일으킨다. 이를 극복하기 위해 수행을 통해 해탈에 이르고자 하는 것이다. 그러나

천문학자, 우주에서 붓다를 찾다

자연에서는 자연적 상태 그 자체가 열반 상태이다.

우주심을 근본 속성으로 하는 우주는 물심일체(物心一體)로 열반 상태에서 모든 것이 무위적으로 조화롭게 이루어지고 있다. 그러나 들뜬 생동심을 지니는 인간에게는 근본심을 지닌 육체와 마음이 항상 같지 못하다. 그래서 물심이 같도록 생동심을 여의는 수행이 필요한 것이다. 한편 자연적 조화는 무질서가 증가해가는 방향으로 진행한다. 그러나 인간의 경우는 무질서가 감소해가는 유위적인 기하학적 미(美)를 추구해 간다. 이런 유위적 행위는 궁극적으로 생동심에 기인하며, 자연적 조화로움은 우주심에 기인한다.

[표3] 인간과 우주

인간	우주	인간	우주
고(苦)	사건	이사장애	이사무애
분별심이 있다.	분별심이 없다.	사사장애	사사무애
집착심이 있다.	집착심이 없다.	유위적 미	조화로움
유위적이다.	무위적이다.	자타부동	자타동일
수행이 필요함	수행이 불필요함	생동심 위주	오직 근본심
주관적 연기성	객관적 연기성	해탈 추구	열반 상태
자기중심적이다.	상즉상입 관계	물심부동	물심일체

(13) 화엄사상과 화엄문화

화엄학은 연기사상, 중도사상, 유식사상의 통합으로 이루어진 교학이다. 그러므로 유식학에서 보이는 마음의 구조와 법계의 올바른 이해를 위해서는 마음의 내부에 대한 이해가 중요하다. 특히 만유는 생의를 가지며 우주심이 존재하므로 이에 해당하는 근본심의 부처를 찾아내기 위해서는 교(敎)와 선(禪)이 결합되어야 한다. 즉 연기 법계와 근본심의 이해는 교학을 통하여 그리고 생동심의 여읨은 선정에 의해 이루어져야 한다. 그래야만 우주심을 바탕으로 하는 만유의 존재성과 우주의 본성을 찾게 된다. 그리고 인간도 우주의 평범한 존재임을 인식하게 되며 만유와 더불어 조화롭게 공존하는 법을 깨닫게 된다. 이것이 소위 우주론적 인간 원리의 터득이다.

보조국사는 "부처가 입으로 설하면 교(敎)이고, 조사들이 마음으로 전하면 선(禪)이다. 부처와 조사의 입과 마음이 서로 어긋나지 않으니, 어찌 그 근원을 궁구(窮究)하지 않고 각기 자기가 익숙한 데만 안주하여 쓸데없이 논쟁을 일으켜 헛되이 시간을 낭비하는가."[169]라고 했다. 교를 통해서 법계의 이치를 알고 선을 통하여 근본심을 드러내 보이는 것이 선교일치 사상이다. 여기서 근본심의 속성은 교를 통하여 얻어지는 이(理)에 의해 이해되어야 한다. 즉 교는 외경(外境)과 법에 대한 이해이며, 선은 염오의 생동심을 여의는 역할을 한다.

우주 만유의 마음(생의)의 바탕을 일승(一乘)으로 보는 화엄사상은 관념적인 것이 아니고, 연기관계를 이루며 존재하는 만유의 실제적 현실 세계에서 펼쳐지는 집단의 철학을 대상으로 한다. 화엄사상은 법계의 진리체계를 현실 세계에서 그대로 보여준다. 즉 사법계, 이법계, 이사무애법계, 사사무애법계 등 사종법계이다. 화엄은 연기성을 우주로 확장한 조화의 섭리이므로 화엄세계는 우주 그자체로서 생멸 진화의 이치가 펼쳐지는 장엄하고 광대한 세계이다.
화엄사상은 연기성, 상대주의, 전일주의(全一主義), 중도주의(中道主義)를 표방한다. 이를 근거로 한 화엄사상의 특징은 첫째 대립과 투쟁을 지양하는 원융무애 사상이며, 둘째 연기적 이완계

169 『華嚴論節要』| 지눌스님, 768쪽. 〔『知訥의 禪思想』: 길희성, 소나무, 2006, 58쪽에서 인용〕

달성으로 지속적 안정성을 유지하는 것이며, 셋째 법계의 근본 특성인 우주심으로 청정심을 구현하며, 넷째 사사무애를 통해 만유의 생명존중사상과 공존사상을 고취하는 것이다. 이런 화엄사상을 토대로 하여 인간은 자연과 공존하면서 존재가치를 실현하도록 화엄문화를 정립하고 실천하는 것이 물질문명에 찌든 현대인을 구제하는 최선의 방법이다.

사회문화 학자인 홉스테드는 각 나라의 다국적 기업체에서 종사하는 여러 부류의 사람들로부터 받은 설문 조사를 토대로 하여 세계 각국의 문화를 연구 조사하였다.[170] 그는 결과를 4가지 문화 요인으로 나누어 분류 조사했다. 그의 연구 결과를 화엄세계의 관점에서 살펴보면 다음과 같다.

(a) 화엄세계는 개인주의가 아니라 집합주의이다. 여기서는 평등성과 조화성 그리고 학습보다는 행동 방법을 제시하고 또한 일보다는 인간관계를 우선함으로써 서로 간에 올바른 상의적 수수관계를 이루어 가도록 한다.

개인주의는 타자와 대립관계를 이룬다. 어떻게 공부를 잘 해서 일등을 하느냐는 것은 곧 다른 학생과 대립적 경쟁 관계를 형성하며 이기적인 자기 주장을 찾게 한다. 우리 사회가 옛날에는 집합주의였지만 자본주의가 진입하면서 심각한 개인주의로 전환되었다. 그래서 이런 경향이 집단적 가족 사회가 핵가족으로 해체되고 핵가족은 이혼을 용이하게 하는 등 삶의 방식에 큰 변화를 이끌어 왔다. 여기서 불교는 인간 부처를 위해 어떠한 역할을 해 왔는가를 한번쯤 깊이 생각해야 할 것이다.

170 『세계의 문화와 조직』
G. Hofstede 지음, 차재호·나은영 옮김, 학지사, 1996.

(b) 야성적이고 우월주의적인 남성성보다는 안정되고 포용적인 여성성이 알맞다. 여기서는 소유보다 존재 가치를 우선으로 하며, 야망보다 겸손을 그리고 특별한 것보다 평균 수준을 정상으로 생각한다. 또한 급속한 경제성장보다 만유가 공존할 수 있는 환경보호를 우선으로 한다. 그리고 살기 위해 일하는 것이지 일하기 위해 사는 것이 아니다.

미국에서 서부 개척 당시에 "젊은이여, 야망을 가져라"라는 말이 유행했다. 이때는 내가 승리하여 획득하기 위해서는 남을 해칠 수도 있으며 또한 불이익을 주는 것이 당연시 되었다. 이것이 당시 부의 획득을 위해 미국식 자본주의가 지향하는 방식이었다.

오늘날 우리의 현실도 이와 비슷한 맥락이다. 공부를 잘하는 학생이 모범생으로 취급 받고 또 동경의 대상이 되는 심각한 경쟁사회에서는 불법이 더 이상 존재하지 않는다. 심지어 절에서 자기 자식이 좋은 성적을 얻어 좋은 학교에 입학할 수 있도록 기도하며 빌고, 스님은 이를 도와주는 것이 현실이다.

(c) 이 세상에서 확실한 것이란 존재하지 않는다. 왜냐하면 연기적 관계에서는 항상 불확실성이 내포되기 때문이다. 독일의 물리학자 하이젠베르그(W. K. Heisenberg, 1901~1976)는 그가 발견한 불확정성원리(不確定性原理)[171]에 따라 불확실성은 관찰의 미비에서 오는 것이 아니라 자연 본연의 속성이라고 했다. 따라서 자연계나 인간 사회에서 불확실성을 수용하는 것은 당연하다.

이 경우에 단순한 정답보다 좋은 토론이 더 중요하다. 그리고 시간은 돈이라는 자본주의적 경쟁주의보다 연기적 관계에서 어떠한 행동을 제시해야 할 것인지를 생각하는 것이 더 중요하다. 연기적

171 불확정성원리 | 위치와 속도(실은 운동량)를 동시에 정확히 측정하는 것은 불가능하며, 그리고 시간과 에너지를 동시에 정확히 측정하는 것도 불가능하다는 것이다.

관계에서는 전문지식보다 상식이 우선이며, 상대주의나 경험주의가 중요하다. 그리고 보수적이고 극단주의적인 것보다 포용력을 가진 중도를 중시한다.

연기관계에서는 어떠한 확정적인 답을 기대할 수 없다. 왜냐하면 연기관계에서는 서로 간의 정확한 반응을 전제로 해서 일어나는 것이 아니며, 또한 반응에 대한 반작용도 확실성을 예측하고 일어나는 것이 아니기 때문이다. 그러므로 확고한 자기 주장을 세울 수 없다. 다만 가능성만을 제시할 수 있을 뿐이다.

확실성이나 정밀성을 바란다면, 그는 과학자나 논리가는 될 수 있지만 결코 불자(佛子)는 될 수 없다. 이런 경우는 불확실성을 수용하는 천문학적 예에서도 볼 수 있다. 그래서 불법의 수행과정이 천문학적 연구과정과 매우 흡사하다는 것을 알 수 있다.

(d) 인간에게는 누구나 철학자 니체가 말한 권력의지를 지니고 행사하고자 한다. 조화로운 연기관계에서는 불평등을 최소화하고, 특권보다는 동등한 권리를 갖도록 하며, 권력 집중보다는 권력 분산을 통하여 만유에게 올바른 삶을 영위할 수 있도록 해야 한다.

인간의 권력의지는 일종의 본능이다. 그러나 이런 본능을 약화시키면서 타인의 권력의지를 존중함으로써 서로 간에 연기관계를 조화롭게 잘 이루어가는 반야지혜가 필요하다. 그렇지 않으면 강자와 약자의 이원성을 떠나 조화로운 법계를 이루어 갈 수 없다.

위에서 살펴본 집합주의, 여성성, 불확실성의 수용, 그리고 작은 권력의지의 문화는 만인에게 평등하며 보편적이고, 소유보다는 삶의 존재가치를 추구하는 상호 의존적 연기관계를 중시하는 불교의 화엄문화에 해당한다. 뿐만 아니라 이런 조화로운 섭리는 실제로 우주의 자연계에서 일어나고 있는 현상이다.

지구상에서 이런 종류의 우주적 화엄문화[172]에 가장 근접한 나라는 홉스테드의 연구 결과에 따르면 스웨덴, 노르웨이, 핀란드, 덴마크 등의 북구 나라들이다. 민족의 문화와 역사는 그 민족이 지닌 집단 무의식이나 신화에 근거한 정신의 결과물이다. 여기에 근본심이 얼마나 발현하느냐가 그 민족의 문화의 질을 결정한다.

원시 문화가 오히려 현존재의 본래성을 지니고, 현대 물질문화는 비본래성(非本來性)을 지니고 있다. 원시문화는 자연의 섭리를 따르는 쪽으로 이어왔기 때문에 인간 및 만유의 본래성 즉 섭리를 따른다는 것이다. 그런데 현대문명은 자연의 섭리에 역행하고 있기 때문에 인간의 비본래성으로 볼 수 있다. 그래서 문명이 발달할수록 대중성(大衆性)은 이기적이고 우주의 섭리를 거역하는 비본래성으로 지향해 가게 된다.

물질과학 문명시대에서는 합리적이고 논리적인 사고로 편리성과 효용성만을 중시하면서 존재의 본질이나 참다운 수행에는 관심이 없다. 따라서 과학과 기술의 발달은 인간을 단세포적이고 충동적이며 획일적인 사고로 유도하면서 기계와 기술에 종속된 천박한 생명체로 전락시키고 있다. 그 결과 인간은 심오한 정신세계를 외면한 채 물질세계의 향락만을 추구하면서 극단적인 개인주의로 치닫게 된다.

혹자는 "물질 그 자체는 인간의 자기 완성의 수단으로써 봉사한다는 조건하에서만 가치가 인정되는 것이다. 그러므로 모든 지식은

172 화엄문화는 서로가 서로에 의존하고 또 서로의 협력에 의해 서로의 존재가 인정되는 모두가 평등한 올바른 민주주의 문화이다.

천문학자, 우주에서 붓다를 찾다

물질적 수단의 개척과 발전이라는 목표와 더불어 인간 자체의 발견이라는 목표에 한결같이 봉사하는 것이 되지 않으면 안 된다."[73] 라고 보기도 한다. 만약 물질이 인간의 자기 완성의 수단에 봉사하는 조건에서만 그 가치가 인정된다면 이것은 "방황하고 있는 자연을 사냥해서 노예로 만들어 인간의 가치에 봉사하도록 만들어야 한다."고 주장한 영국의 철학자 베이컨(F. Bacon, 1561~1626)의 인간 중심적이며 자연지배적인 사상과 다를 바 없다. 이런 사상에 근거한 현대 물질문명은 오늘날과 같은 자연 파괴와 환경오염의 심각성을 야기시키고 있다. 따라서 이와 같은 인간 우월주의는 결코 만유의 평등사상을 기반으로 하는 불법이 될 수는 없다.

자연 내 물질이 과연 인간 존재에 의해서만 그 가치가 인정된다는 것인가? 지구는 인간 때문에 그 중요성이 있는가? 인간이 만물의 영장이라는 인간 우월적 사고가 오늘날 자연을 망치며 지구를 심하게 병들게 하여 지상에서 인간의 생존마저 위협받고 있는 실정이다. 그런데도 인간의 가치가 자연 내 만물의 가치보다 더 높다고 외칠 수 있을까?

우리나라는 오랜 예로부터 불교 국가이면서도 무슨 이유로 이러한 화엄문화를 갖지 못했을까? 불교나 불법은 특수 집단의 전유물이 아니며 또 유심사유(唯心思惟)의 대상도 아니다. 이것은 만유의 존재와 삶의 궁극적 가치의 실현을 목적으로 한다. 그래서 불교의 우주관은 현실적이면서 만유의 평등한 연기관계를 가장 우선으로 한다. 그런데 우리의 현실에서 불교는 출가자들의 전유물처럼 되어 출가자와 재가자는 서로 접근할 수 없는 불평등 관계를 이루고 있는 것은 아닌지? 『입보리행론』에서 "모든 중생과 부처는 불법을 성

173 『원효사상』 | 이기영, 한국불교연구원, 2002, 409쪽.

취할 수 있음이 똑 같다. 부처를 존경하는 것과 같이 중생을 존경하지 않음은 무슨 도리냐?"[174]라고 했다. 중생이 없으면 부처도 있을 수 없다.

에띠엔 라모뜨는 『인도불교사』에서 "교단의 한 가운데서 대승불교가 형성된 것은 비구의 엄격주의에 대한 우바새(남자 신도)의 인간애가 승리한 것을 인정하는 것이었다."[175]라고 했다. 결국 출가자의 권위주의에 앞서 재가자 신도들의 보살행이 있었기에 대승불교가 이루어질 수 있었다는 것이다.

한편 상호 연기적 문화를 창조하는 화엄의 깊은 의미를 잊은 채 기원과 기복을 강조하고 또 이를 이용한 보시로 불사를 통한 지역적 교권 확장을 중시하거나, 또한 보살행을 통한 올바른 공동체 형성보다 개체의 신비적 깨달음에 의한 자기 완성이라는 개인 중심주의를 지향한다면 우리는 현대에 알맞은 불법의 깊은 뜻을 다시 한 번 생각해 보아야 할 것이다.

우리가 아무리 불교의 중요성을 강조하더라도 올바른 화엄문화를 이루지 못하는 한 만유의 참된 존재가치의 실현을 위해서 붓다 정신을 이어받는 진정한 불교와 불법을 이 땅에 꽃피우기는 어렵다.

불교는 특정 개인이나 집단이 아니라 전 우주적 종교이다. 그러므로 개인의 행복이나 국가의 이익을 위하는 제한된 영역이 아니라 만유를 위한 우주적 불법의 시현(示現)이 바로 불교여야 한다. 특히 오늘날 세계화 시대에서는 더욱 절실히 이런 광의(廣義)의 불교 사상이 요구된다. 모두가 지구인으로서 화엄세계의 불법을 따르면서 삶의 존재가치를 실현하도록 해야 한다.

174 『깨달음에 이르는 길』 | 총카파 지음 · 청전 옮김, 지영사, 2005, 423쪽.
175 『인도불교사1』 | 에띠엔 라모뜨, 호진 옮김, 시공사, 2006, 120쪽.

혹자는 불교를 범신론적(汎神論的)[176] 종교로 보는데 과연 그럴까? 여기서 신은 대승불교에서 만들어 낸 여러 종류의 부처에 해당한다. 화엄세계에서 본다면 부처는 법계의 섭리를 지닌 존재자로 만유에 존재한다. 그렇다면 이 경우 범신론에서 신은 바로 자연의 진리, 우주의 섭리를 뜻하는 것이지 우주를 주재하는 유일신이 아니다. 그러므로 불교는 단순한 신앙의 종교보다는 만유의 섭리를 이해하고 따르도록 하는 우주철학이다. 그래서 불교는 인간학을 넘어선 우주학으로서 화엄세계를 설명할 수 있어야 한다.

붓다 이후 2600여 년이 지난 지금의 첨단 우주과학 시대에서 불교를 단순히 인간 중심의 종교로 본다면 불법은 지나치게 과소평가하게 된다. 오늘날 인간과 자연 사이에서 가장 중요한 것은 불법이다. 이것이야말로 인간을 비롯한 만유가 조화롭게 공존하면서 자연의 질서, 우주의 질서를 잘 따르면서 우주적 인간원리와 생명존중사상을 구현함으로써 우주 속의 평범한 생명체로 우주 진화에 기여하게 되는 것이다.

176 범신론 | 신(神)과 우주를 동일시하는 종교적, 철학적, 혹은 예술적인 사상체계.

6. 맺는 말

화엄세계와 우주심에 대한 지금까지 논의에서 요점을 간추려 보면 아래와 같다.

우주 만물은 상의적˙연기관계를 지니고 있으며 그리고 존재는 이런 연기관계의 한 양식이다. 존재는 〈유/무〉, 〈은적/현현〉 등의 이중적 동거성을 지닌다. 따라서 우리는 유나 무, 숨음과 나타남 등에서 어느 한쪽에 집착하지 않는 중도(中道)를 따라야 한다. 불법의 근본은 연기성이고 이에 따른 공성이며 중도이다. 그러므로 불법은 비현실적인 신비성이 아니라 존재성의 바탕에서 이해되어야 한다.

화엄세계는 만물의 상호 의존적 연기의 세계이며, 원융무애한 상즉상입의 이완된 세계로서 내세적(來世的)이나 관념적이 아닌 현실적이고 역동적인 우주 그 자체이다. 여기서는 개체의 존재보다 공동체의 존재가 중요하며, 개체 고유의 특성보다는 집단의 공통된 이완 특성이 중요하다. 그래서 집단의 연기적 인드라망에서는 하나 속에 전체가 있고, 전체 속에 하나가 있는 상즉상입과 육상원융이 성립하게 된다.

화엄세계는 생의를 지닌 거대한 우주적 초유기체로서 만유는 원초적인 우주심을 지닌다. 그리고 만물의 성주괴공과 개체의 생주이멸을 주재하는 우주심은 우주 만물의 근본 속성으로서 무위성, 보편성, 평등성, 이완성을 지닌다. 화엄세계에서 삶과 죽음은 에너지의 단순한 취산 현상이다. 흩어짐과 모임에 따른 무형과 유형에도 항상 우주심이 내재한다. 그러므로 화엄세계는 결코 사라지지 않는다.

물질을 생명이 없는 것으로 간주할 때 물질문명은 잔인한 방법으로 세계의 파멸을 초래하게 된다. 그러나 우주 내 만물은 생의를 가졌기 때문에 이들도 인간처럼 동등한 존재가치를 지니는 생명 공동체이다. 그러므로 우리가 불법에 따라 생명존중사상을 가질 때 비로소 인간이 지상에서 자연과 더불어 안정된 상태로 생존을 이어갈 수 있다. 그렇지 않으면 연속적인 자연 파괴로 인간은 스스로 인류의 종말을 초래하게 된다.

지금까지 지상에서 생물의 70% 이상이 짧은 기간 내에 전멸하는 다섯 번의 자연적인 대멸종 사건이 있었다.[1] 사회생물학자인 윌슨(E. Wilson)은 오늘날의 자연파괴 현상을 보면서 "인류가 단 한 세대만에 우리와 동시대를 살아가는 많은 동료 종(種)들을 죽음으로 몰아감으로써 여섯 번째의 대멸종을 시작하고 있다."고 경고했다. 즉 인간 스스로가 인류의 멸종을 야기시키고 있다는 것이다.

화엄의 상즉상입에서 보면 내가 곧 우주고 우주가 곧 나이며, 내

1 『우주의 신비』| 이시우, 신구문화사, 2005, 217쪽.

가 곧 지구고 지구가 곧 나이다. 따라서 지구가 병들면 내가 병드는 것이요, 내가 병들면 지구가 병드는 것이다. 따라서 인간은 탐욕으로 지구를 더 이상 병들게 하지 말아야 한다. 그래야만 인간도 병들지 않고 미래의 세대를 안전하게 이어갈 수 있기 때문이다.

여래장은 생동심으로 둘러싸인 근본심이다. 따라서 인간은 두 종류의 생명을 지니게 된다. 즉 하나는 생동심으로 이루어진 단멸적 생명이며, 다른 하나는 청정한 근본심으로 이루어진 원초적인 불멸의 생명인 우주심이다. 이것은 사후에 잔해로 남아 화엄세계에 존재하게 된다. 인간이 죽는다는 것은 단순히 인간의 특성을 나타내는 생동심의 사멸을 뜻하며, 근본심은 잔해에 들어 있는 우주심을 통해 계속 순환한다. 따라서 윤회란 영혼의 윤회가 아니라 생사를 통한 우주심의 순환인 것이다.[2]

우주심을 지닌 인간은 화엄세계의 소우주로서 평범한 우주의 구성원이며, 또한 인간의 정신작용도 특별한 것이 아니라 우주 구성의 한 요소일 뿐이므로 인간은 지상에 국한되지 않은 우주인으로서 우주적 질서의 조화를 따르는 게 마땅하다.

이런 우주적 질서가 우주심으로 인간의 근본심에 내재해 있지만 번뇌 망상의 생동심에 따른 정신작용으로 이것이 가려져 잘 나타나지 못할 뿐이다. 그래서 인간에겐 자신의 생동심을 제어, 조정하며 이를 여윌 수 있는 수행이 반드시 필요한 것이다. 이런 수행은 점수(漸修)의 방법으로 이루어짐이 바람직하다. 그리고 근본심을 발현하는 방법은 육상원융을 통해서 화엄세계를 이룩하는 것이다.

2 이완세계에서 모든 개체는 아미타불의 화신(化神)으로서 법신이다. 이러한 아미타불의 세계가 바로 무한히 빛을 내는 이완된 집단의 열반세계인 정토(淨土)이다. 이곳에서는 아미타불이 우주심의 화신으로 계시므로 만물의 본성은 생사가 없이 무한한 수명을 지니며 순환(윤회)한다.

천문학자, 우주에서 붓다를 찾다

깨달음이란 번뇌 망상을 일으키는 염오의 생동심의 여읨에 따른 근본심의 현현으로 자연적인 무위성, 보편성, 평등성, 이완성의 속성을 지닌 우주심을 바르게 이해하고 행하는 것이다. 즉 깨달음이란 특별한 수행을 통해 얻어지는 신비한 현상이 아니라 근본심의 발현으로 원래 지니고 있던 부처가 드러나는 평범한 존재론적 현상이다. 그리고 대승적 깨달음(열반)은 어떤 특정한 부류의 사람들에게만 가능한 것이 아니라 출가자와 재가자 모두에서 일어날 수 있다. 그래야만 조화로운 공존사상의 근본이 되는 집단의 이완 상태 즉 집단의 깨달음이 실현될 수 있는 것이다.

한편 부처는 만유를 주재하는 우주적 불법을 지니므로 깨달음은 단순한 개인의 성불이 아니라 공동체 모두의 성불로서 초생명체인 우주와의 합일을 뜻한다. 그러므로 인간은 만물의 영장이 아니라 생의를 지닌 만물의 한 일원으로서 우주 만물에 대해 겸손해야 하고 또 우주적 공동체에 대한 생명존중 사상을 따라야 한다.

화엄사상은 개인 중심적인 사상이 아니라 우주적 연기집단에 대한 전일적 사상이며 존재론적 사상으로서 공동체 모두의 조화로운 삶의 가치와 존재가치의 추구를 목적으로 한다. 그리고 화엄세계는 지상의 세계가 아니라 전 우주적 세계이므로 지상에서 얻어진 부분적 진리가 화엄세계의 진리는 아니다. 특히 인간 우위적인 사상에서는 우주에 대한 포괄적인 전일적 사상을 이끌어 낼 수 없다. 그러므로 우리는 만유의 연기적 인드라망의 존재를 인정하고 이들로부터 역동적 우주가 운행되고 있는 곳이 불법이 펼쳐지고 있는 화엄세계임을 알아야 한다. 즉 불법은 인간 중심적인 것으로서 지상에 국한된 것이 아니라 우주 만유의 성주괴공과 생주이멸을 주재하는 우주적 섭리이다. 그러므로 불교는 인간만을 위한 종교가 아니라 모든 종교를 초월한 우주적 종교가 되어야 한다.

천박한 과학기술과 시장 경제원리가 빼앗아간 인간 정신과 만물의 생존의 존엄성을 회복하기 위해 대승불교의 화엄사상을 기초로 한 화엄문화가 우리의 생활문화로 정착되어야 한다. 그래서 만유의 존재가치와 삶의 가치를 올바르게 구현하도록 해야 한다.

화엄문화는 화엄세계의 우주적 문화로서 개체적인 것이 아니라 집합주의적이며, 난폭한 남성성이 아니라 포용적인 여성성이고, 우연과 필연이 존재하는 연기관계에서 나타나는 불확실성을 수용하며, 우위를 주장하는 강한 권력의지보다는 작은 권력의지로 보편성과 평등성을 따라야 한다.

불교는 신앙과 동시에 만유의 진리체계를 지니므로 불법은 인간학이 아니라 우주학으로 볼 수 있다. 그러므로 불교는 우주적 종교로 확장되어야 한다. 특히 현대의 우주과학시대에서 이러한 불법의 우주철학적 사상은 인간 중심적 사상을 벗어나 우주 만유의 초유기체에 대한 생명존중 사상과 조화로운 공동체적 삶을 실현함으로써 모두의 존재가치를 올바르게 구현하는 데 필수적이다. 그리고 적어도 대승불교에서는 깨침이나 보살행의 궁극적 목적이 추상적인 신비한 체험이 아니라 구체적 불법의 사상에 근거해야 한다. 그렇지 않으면 현대의 다양한 지식사회에서 많은 젊은 세대를 오묘한 불법의 세계로 끌어들이기는 매우 어려울 것이다.

천문학자, 우주에서 붓다를 찾다

화엄법계와 천문학

초판 1쇄 | 2016년 6월 15일

지은이 | 이시우
펴낸이 | 김인현

본문 디자인 | 김형조
인쇄 | 금강인쇄(주)

펴낸곳 | 도피안사
출판등록 | 제2000년 8월(제19-52호)
주소 | 경기도 안성시 죽산면 거곡길 27-52(용설리 1178-1)
전화 | (02) 419-8704
팩스 | (02) 336-8701
이메일 | dopiansa@daum.net
홈페이지 | http://www.dopiansa.or.kr

ⓒ 이시우, 2016
ISBN 978-89-90562-52-4 03220